自分で決めて、自分で稼ぐ!

月1回、10000円から始める株トレード

1日333円で買える

冨田晃右
kousuke tomita

KKベストセラーズ

はじめに…投資をしている人の中で利益が出ている人は四分の一!?

現在の日本で投資をしている人の割合がどのくらいいるかご存知でしょうか？

ビジネスパーソンを対象にしたアンケートで、次のような結果が出ています。

これによるとほぼ半数近い人が「投資を行っている」ことがわかります。

そして残念なことにそのうちの半数近い人は「損している」と答えています。

利益が出ていると応えたのは４人に一人という状況です。

私には、この状況を改善して、「利益が出ている」と答えられる人を増やす方法があります。

それを本書では紹介します。

それは、どんなやり方なのか？…大丈夫。誰にでもできる、とてもシンプルな方法です。

【現在、
投資を行っていますか？】

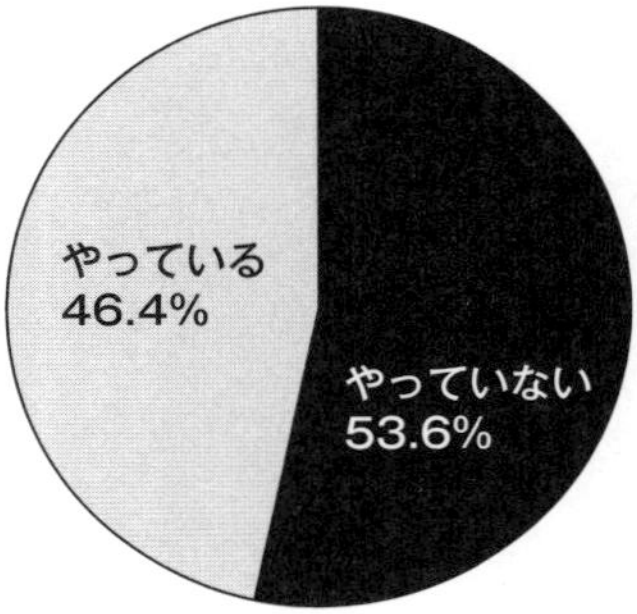

【現時点で、
投資の結果を教えてください。】

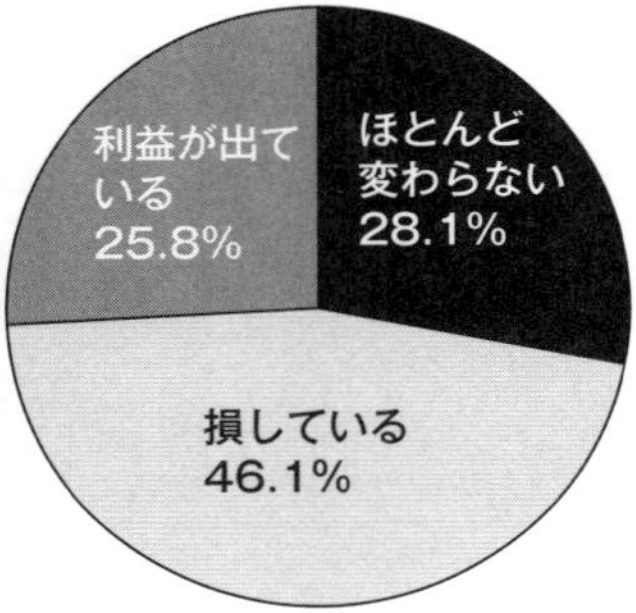

ただ、最初にこれだけは言っておきます。

「投資信託ではありません！」

「投資信託は絶対にやってはいけない！」

巷にあふれている低額から始められる投資をテーマにした本は、そのほとんどが投資信託を薦めるものです。実際に「投資をやっている」という人の多くの投資対象は投資信託です。私は、それに対して声を大にして「アンチ！投資信託」を伝えたいと思います。

なぜ投資信託がダメなのか、そのもっとも大きな理由は、「投資信託は運用会社（銀行や証券会社）が手数料を稼ぐために作った『商品』である」からです。

商品は売れればそれで目的は達成できるので、運用会社は本音のところでは、その運用によって利用者に利益が出ようと損が出ようと「別に関係ない」と思っているはずです。もちろん利益が出ているときには、利用者にもその利益が還元されるというメリットがあります。しかし、損失が出てしまったときに実際にそのリスクをかぶるのは、利用者だけです。どっちに転んでも運用会社は損をしない仕組みになっているというわけです。

あなたにとって大切なお金を預けるのに、「あなたと損得を共にしない」つまり「あなたと同じ側に立ってはくれない」人に頼るのは、それだけでリスクが大きいと思いませんか？

でも、今のような話をしてもこんなふうに考える人がいます。

「だけど、それでも、投資信託はプロが運用してくれるんだから、素人の自分がやるよりはうまくやれるはずだし…」と。

確かに投資信託はプロが運用している――これは事実です。でも、プロが必ず勝てるのか？となると、そこには疑問符がつきます。勝てるプロもいれば、勝てないプロもいる。プロだって勝てるときがあれば、勝てないときもある。利用者側は投資信託を申し込む際に「この投資信託会社（の抱えるプロ）にまかせて勝てるのかどうか？」という判断を下す必要があるのです。

私が言いたいのは、そこで「どこ（の誰）に任せるかを判断する」リスクを取るくらいなら、あなた自身の考えや判断で、投資信託のように毎月定額積み立てるのと同じ形で、投資信託ではなく、株式市場に上場している株でもっと着実に稼げる方法にチャレンジしませんか？ということです。

そのやり方を教えるのが、本書です。

でも、初心者の方はすぐにこんなふうに考えがちです。

「難しい株の売買を自分で判断するのは怖い」

大丈夫です。新聞を読んだり会社四季報を読んで企業業績を分析したり、景気動向を調べたりするような手間は一切いりません。極端な言い方をすれば、それらを「知る」必要もありません。株を買ったり売ったりするポイントを「探して見つける」ことさえできればＯＫです。株式投資で稼ぐ際に一般的に必要とされている株の知識や経験は一切不要なのです。

「失敗したら破産してしまう」

そんな心配はいりません。安心してください。この本を読んでしっかりルールを身につければ、大きな損失を出してしまうことはありません。また、まとまったお金や時間がなくても大丈夫です。タイトルにもあるように株は１０００円から始められます。月に１回だけ、株のことを考える時間がとれればＯＫです。

また資金についても自分で用意できる範囲で問題ありません。もちろん大きく稼ぎたいと思うのならそれなりの資金の注入が必要ではありますが、大切なことは手持ち資金が１０００円でも１００万円でも、売買の理論は同じということです。手持ち資金の差でやり方が変わることはありません。

私が普段行っているのは個別株の「トレード」と呼ばれるもので、私自身はこれで生計を立てています。簡単に説明しますと、株価には常に値動きがあり、上がったり下がったりします。その株価の値動きを見ながら売買のタイミングを捉えることをトレードと言います。

たとえば、
・安い時に買って高い時に売る。
・上がる時に買って下がる時に売る。
・高い時に買ってもっと高い時に売る。
このような行為です。

私はこれまでに株に関する本を3冊出版していますが、それらは私と同じようにトレードでしっかり稼ぎたいという人向けの本でした。

4冊目となる本書では、トレードを人生の中心に置くまではいかないが、自由に使えるおこづかいを少しでも増やしたい、お金の余裕がほしいという人のために、気軽に始められるいわゆる「投資信託」的なやり方での自立的な「自分トレード信託」というものをご紹介します。

「自分トレード信託」は、毎月10000円、月に1回、パソコンに向かう時間さえあれば「誰にでも」始められます。

株は、リスク管理さえしっかりやれば危なくない！

「株を始めるには、最低でも数十万円の資金が必要だ」――そう思っている人がまだまだたくさんいらっしゃいます。確かにかつてはそうだったのですが、今は違います。時期によっては数千円から始められるものもあります。数千円の投資金額で株をやっている人も実際には多いのです。資金がたくさんないからできないというものではありません。

とはいっても、今の生活でギリギリ精一杯だから、たとえ数千円であっても「株なんていう危ないものに大事なお金を使うことはできない！」と思っている人もいるでしょう。この株に対する「なんだか危ないぞ」という恐怖心を克服することが、株を始めることができるかどうかの第一関門かもしれません。ですから、株で15年間生計を立ててきている私がここではっきり断言しておきましょう。

「株は、リスク管理さえしっかりやれば危なくない！」

一般的に株式投資のイメージとしてバクチみたいなものだとか、パチンコや競馬などのギャンブルと同じだといったブラックとまではいかなくてもグレーなイメージを持っている人は非常に多いのですが、そんなことはありません。私のやり方を守ってさえいれば株で損をして身ぐるみをはがされてしまうようなことは、決してありません。

今、あなたの財布の中には、いくら入っていますか？そのお金の使い道はすべて決まっていますか？もしも決まっていないのなら、使い道の決まっていない分だけでもいいので株のトレードにまわしてみませんか？

買い物に行った時に10000円すると思っていたものが例えば8000円で買えた時、その浮いたお釣りの2000円を株のトレード資金にまわしてみませんか？

今の時点ではお金に全く余裕がなくても、たとえば一週間ほどの間、移動を電車ではなく自転車や徒歩に変えて交通費分を貯める。（これには「健康になれる」というおまけもついてきますよ！）コーヒーをカフェで買って飲むのをやめて、家から水筒に入れて持参する。ほんのちょっとした工夫で1日に333円くらいはすぐに貯まります（つまり月10000円くらいはすぐに貯まります）。それらをコツコツ続けて貯まったお金をトレードにまわしましょう。

1００００円で月一回から始めるトレードのやり方は、一からこの本ですべて学べます。（現在、知識ゼロでも大丈夫！）

はじめに

第1章 トレードを始めよう

第2章 これだけで十分！トレードについての基礎知識

第3章 一カ月に一度、10000円でトレード勝負！

第4章 もっと上を目指そう！

第5章 株が下がった？「そんなの関係ない！」

第6章 職業トレーダーへの道

あとがき

第1章 トレードを始めよう

そもそもトレードって何？

トレードという言葉を聞くと、毎日パソコンのモニターに映る株価ボードを眺めて頻繁にその株価をチェックしてはカチャカチャとパソコンのキーボードやマウスを何度もいじっているという忙しそうなイメージが浮かぶと思います。いわゆるデイトレードというのは、まさにその通りのものです。これは私もやりますが、一日のうちに売買を完結させて損益を確定させなければならないので株式市場が動いている間（平日の9：00～11：30・11：30～12：30は休憩・12：30～15：00）はずっと、株式市場を監視している必要があります。

でも、私の言う「トレード」とはそういうものではありません。トレードの本来の意味は値動きがあるものを「安い時に買って高い時に売る」「上がる時に買って下がる時に売る」などというシンプルなものです。一日（デイトレード）という短い期間だけではなく、数日間や数週間あるいは数カ月間という期間で行うこともできるのです。

トレードの成果に、短い長いの時間軸は関係ありません。時間軸にかかわらず株価には値動きがあって上がったり下がったりします。その値動きにはパターンがあるのですが、そのパターンを見て、「このタイミングで買う」「このタイミングで売る」というのがトレードです。いわゆる投資信託のように毎月定額資金を投入しますが、運用会社任せではなく、自分自身の判断で株のトレードという行為をやっていこうというのが私の提案です。

このように他力本願ではなく自分自身に信託するので、このやり方を「自分トレード信託」（＝自分トレ信）と本書では呼んでいこうと思います。

あと、株式投資と株のトレードを同じように考えている方もいると思いますので、一般的な株式投資と株式トレードの違いをここでちゃんと説明しておきましょう。「投資」というのは、経済情勢や景気動向を見ながら企業の長期的な業績や成長性を期待して行うものです。一方、「トレード」では、景気が良かろうが悪かろうが、企業業績が良かろうが悪かろうが一切関係ありません。株価の値動きには、上がる時のパターンや下がる時のパターンがあり、そのパターンを捉えていくのです。それを一般的な投資信託のようにやっていくのが自分トレ信です。時間軸は自分で選ぶことができます。長期でも中期でも短期でも。月一回でも、週一回でも、あるいは毎日でも。期間によって不利が生じるということはありません。トレードルールは常に同じ。忙しい人でも全く不利なくちゃんとできるのが自分トレ信のいいところです。

「自分トレ信」は誰でも、どこでもできる

自分トレ信は、パソコンやスマホがあるなど、ネット環境が整っていれば誰でもどこでも行うことができます。国内はもちろん海外でもできます。売買の注文入力だけに限れば、スマホさえあればＯＫです。株価チャート（株価チャートとは、過去から現在までの株価の値動きを表したグラフで、後ほど説明します）のチェックもスマホでできないわけではないのですが、やはり画面の大きさがある程度あった方が見やすいので、これはパソコンを使うのがおすすめです。

私は、カフェで仕事をすることが多いのですが、どこのカフェからでも株の売買の注文を入れることができますし、ホテルのラウンジでワインを飲みながらなんてことも、よくやっています。「今からトレードをやるぞ」なんて身構える必要はまったくありません。リラックスした状態で気軽に楽しく行うことができるのです。

もちろん、誰でも今すぐに私と同じようにできると言うわけではありません。そうなるためにはトレードの基本的な考え方や技術を学ばなければならないのはもちろんのこと、練習も必要です。そうして、そのトレードの基本的な考え方と技術をしっかり身につけることができさえすれば、現時点では株のことを全く知らないあなたでも通勤電車の中で、あるいはおしゃれなバーでワインを飲みながら「買い」「売り」の注文を入れることができるのです。

本書に沿って素直に学び、「練習」を重ねていけば、3か月くらいでそうなれるはずです。

まずは「証券口座」を開こう！

株を売買するためには、ネット証券の口座が必要です。口座開設は無料でできますし、口座の維持費も無料。ノーリスクでできることですから、まずはここから始めましょう。ほとんどの場合、インターネットで申し込みができます。銀行口座を開くときと同じ要領です。しかも、銀行口座を開くときのように、口座開設時にいくらかのお金を入金する必要さえありません。

ネットで申し込んだ後、口座の開設までにかかる日数は、書類に必要事項を記入し印鑑を押し、それを送るなどを含めて最短で4日くらい、長い場合でも1週間くらいでしょうか。株の売買をするためにはこの証券口座がないとできないので、今はまだやるつもりがなくてもとりあえず用意だけはしておきましょう。

たとえ今はまだ資金がなくても、これからこの口座に貯めていけばいいのです。前述したように、買い物した時のお釣りをここに入金したり、コーヒーを家から持参しカフェで買ったつもりで入金したりしていけば、そのうちに貯まってくるでしょう。財布やおうちの引き出しに入れっぱなし、低金利の銀行に預けっぱなし、あるいは「余っているから」という理由で無駄遣いするよりはずっとましなリターンが得られる可能性があります。毎日333円ためて30日後にトレード資金が10000円になったら自分トレード信託を始めましょう。

投資信託には手を出すな！

投資初心者が最初にやることが多い投資活動の一つに「投資信託」があります。銀行や証券会社が「お手軽ですよ」と薦めてきますし、テレビなどのコマーシャルでも有名なタレントさんを使ったりしていかにも安心といったイメージを訴えてくるので気軽に始めてしまう人が本当に多いのです。これにうっかり乗ってしまうのは危険です。

ただ、こういうことを私が言うと「運用会社から過去の運用成績の説明を受けたら、とてもよかったよ」と言ってくる人がいるのですが、私がまさに問題にしたいのはその「過去」という部分です。

投資信託というのは毎月定額の積み立てで買っていくので、長年続けていれば利益が出るはずだというのがこれまでの考え方でした。つまり「過去」の考え方です。

でも、現在と未来はどうでしょうか？　右肩上がりの経済が絶対確実ではない今、「これまでの経済はこうだった」というのは通用しないと思いませんか。長期的に保有を続ければ増えていくと信じ込むのは、ナンセンスだと思います。反対にどんどん減ってしまう可能性だってあるのです。

投資信託会社に運用を任せて本当に誰でも確実に稼ぐことができるのであれ

ば、今まで投資信託をやってきた人はみんな資金が増えているはずです。でも、実際はどうでしょう。実際には「投資信託で資金が増えた！」という個人投資家の話をあまり耳にしません。プロが運用していると言っても、そのプロが確実に運用に成功してくれるかどうかのリスクを負うのはあなたです。あなたが支払った手数料収入があるおかげで、プロの方や運用会社は全くリスクを負ってはいないのです。結局、投資信託で確実に資金を増やそうと思うなら、あなた自身に投資信託会社や商品を選ぶ目が必要になってきます。そのためにはやはりそれ相応の勉強が必要になるでしょう。どうせ勉強するなら、そういう他人任せにすることを前提にした勉強ではなくて、自分自身の判断で勝負ができる方向に勉強したいと思いませんか？

また、投資信託には「自分の判断ですぐ売ることができない」という欠点もあります。投資信託に組み込まれている企業の株価が下がりそうだから売りたい、もしくは下がってきたから売りたいと思っても個人の判断で、すぐに売ることはできません。投資信託を解約しようとすると、結構な額の解約手数料が請求されます。かつてのリーマンショックのように市場がドーンと大きなショックに見舞われても、瞬時の判断が利かないわけです。個人レベルでは「今売れば大きな損失はしなくてすむのに」と思っても、それがすぐには反映されません。後手後手になってしまうのです。

自分トレード信託が大損をしない理由

自分トレード信託は一般的な投資信託と同じく積み立てのように毎月定額資金で株を買っていくのですが、株価が下がった時に「ほったらかし」という選択はしません。「株価がある一定の価格以下になったら必ず売ります」そうすれば株価が下がっても大きな損失を回避することができます。これが自分トレ信の最大のメリットで、一般的な投資信託ではこれができません。

この「株価がある一定の価格以下になったら必ず売る」ということが個人レベルでできるようになったのは、実はインターネットを使って個人が株の売買をできるようになってからの話です。この売りの指示を出すことができる注文に逆指値注文（後ほど説明します）と呼ぶものがあります。この注文ができるようになって、個人レベルでも株で大損しにくくなりました。

ところが、この注文の存在を知らない人がまだまだ多いのです。また、知っていても使う人がまだまだ少ないのです。というのも、日本に個人投資家が数多く生まれたバブル時代（１９８０年代後半から１９９０年代はじめ）には、個人投資家がこの注文方法をまだ使うことができなかったからです。逆指値注文ができなかった頃は、実際に株価が下がってから慌てて判断せざるを得なかったので、売るタイミングを逃してしまって大損する人がたくさん出てしまいました。バブル崩壊時に、もしもこれができていたら、あれほど多くの損失者を生み出すことはなかったでしょう。

投資の世界には「絶対」や「必ず」という言葉はないので、絶対に大損しない

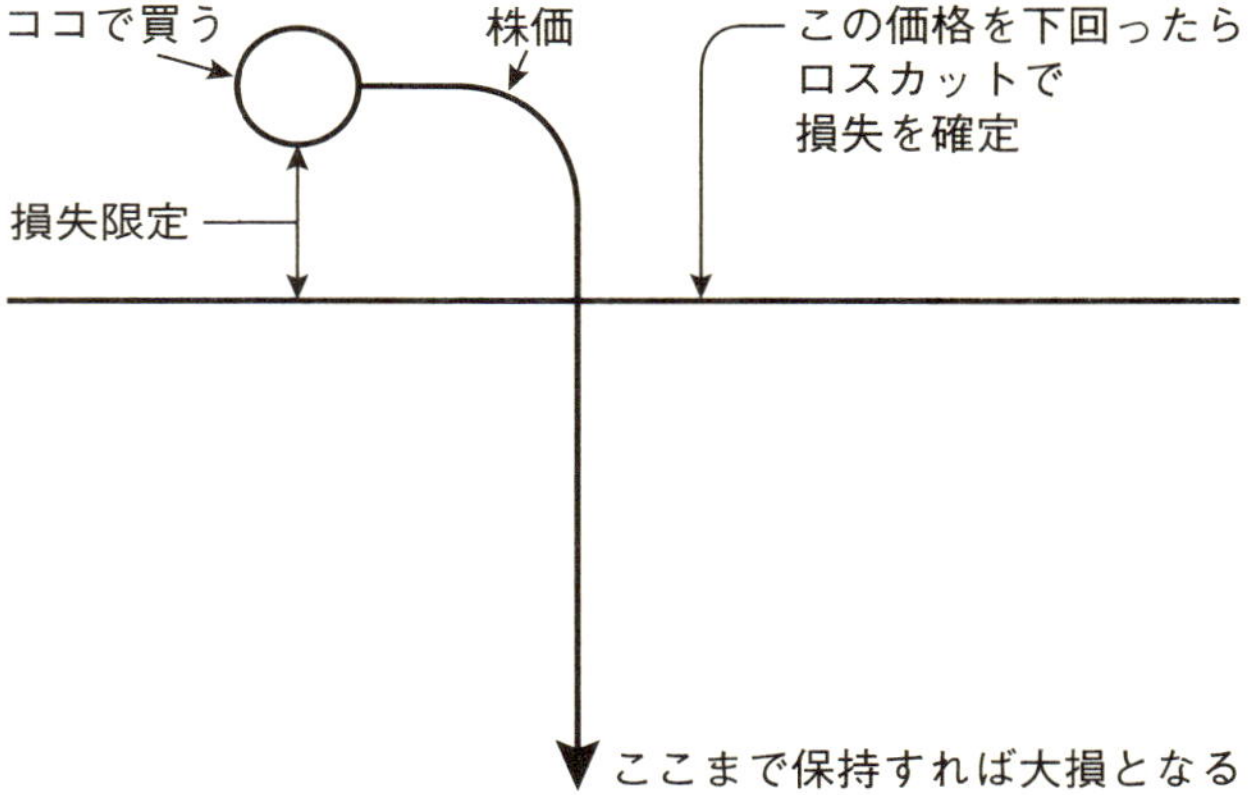
ココで買う
株価
この価格を下回ったら
ロスカットで
損失を確定
損失限定
ここまで保持すれば大損となる

とは言えませんが、逆指値注文のおかげで急落や暴落時に傷が浅くなるように対応することはできます。「大損はしない」と思えるだけで、おおいに安心できますよね。

自分トレ信の基本は、『買った株が上がっている間は保持、下がってきた場合はあらかじめ設定しておいた価格で撤退する』というものです。

・「株を買う」

↓

「下がったら、ロスカット（損失を確定）」

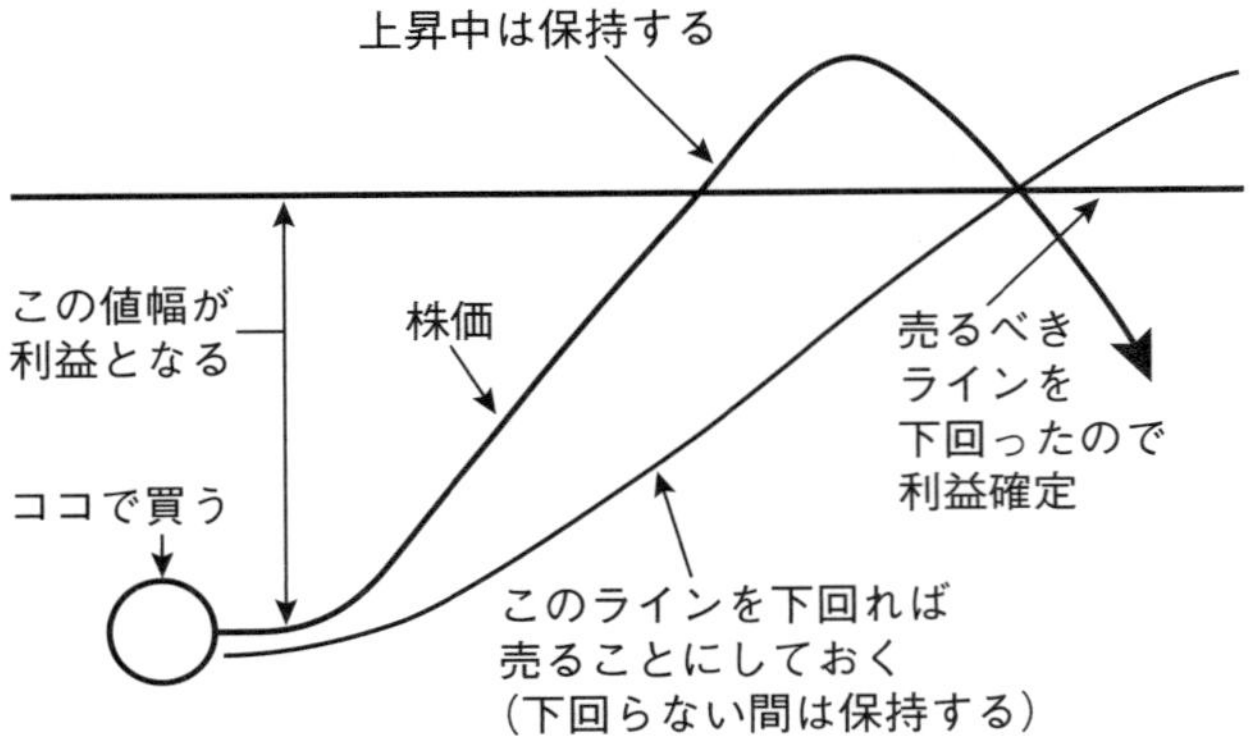
上昇中は保持する
この値幅が
利益となる
株価
売るべき
ラインを
下回ったので
利益確定
ココで買う
このラインを下回れば
売ることにしておく
(下回らない間は保持する)

・「株を買う」
←「上がったら、保持」
←「あらかじめ設定した価格を下回ったら利益確定」

これらの判断をあなた自身で決めることができるのが自分トレ信のよいところです。

自分トレード信託では、うまくなれば毎月トレード資金の月10％程度の利益を出すこともできます。トレード資金100000円なら10000円の利益、1000万円なら10万円の利益ですね。毎月１０００円で自分トレ信を行っていけば、一年後には１２０００円のプラス、毎月１００万円なら一年後には２２０万円になっている。つまり、計算上は一年間で１２０万円が増えるということになります。

トレードは誰にでもできる！

私は講演会やセミナーなどで「トレードの難易度」についてよく話をするのですが、その際、「トレードは簡単です」と決して言ったことはないですし、今後も言いません。ましてや、「お手軽にできる」なんてことは絶対に言いません。株のトレードに限らずどんなことであれ、向き合う時に「お手軽気分」でいては成功できるはずはないからです。

でも、一方でこうも言います。

「トレードは誰にでもできます」

あれ、矛盾してないか?と思われるかもしれませんが、そんなことはありません。簡単ではないけれど難しくもないので、真面目に取り組む気持ちさえあれば誰にでもできるものなのです。

株の売買を決して他人任せにしないで、自分自身の判断でリスクを管理していくという覚悟、自己責任で売買をする決意があれば、誰にでもできます。あとは具体的なやり方を学ぶ必要がありますが、それはこの本で学べます。

トレードを行うための条件は

(お金と時間)

・資金が10000円以上ある

・一か月に一時間くらい、トレードのために使う時間を確保できる

(性格面)

・謙虚で素直である
・計画性をもって行動ができる、ルールを守るキッチリした性格
・適度ないい加減さをもっている
・「絶対」にこだわらない

この性格面の条件は、今の時点で当てはまらなくても問題ありません。今から変わっていけばいいのですから。トレードを行うための条件を整えるためのドリルを用意しましたので、次の章に行く前に取り組んでみてください。

今のアナタはどっち？
「トレードに向いている」ｏｒ「向いていない」

質問1　答えを2択の中から選んでください。

イメージしてください。
あなたは今、ドミノの牌をひとつひとつ丁寧に並べています。長い列になったドミノがようやく完成しそうです。そんなときです。最後のドミノ牌を並べようとしたときに手が滑ってしまい、すべてが倒れてしまいました。この時、あなたは・・・

①「まあいいや」とあっさりあきらめ、再度チャレンジする
②「悔しい！」と頭からそのことが離れずにしばらく後悔が続く

質問2　答えを2択の中から選んでください。

　イメージしてください。
　あなたは今、オセロゲームをやっています。あなたは白で相手は黒です。最初はうまくいき、白が多くなってきて「これは勝てるな」と思っていると、後半相手にひっくり返され、黒が優勢になって、ついには逆転負け。こんな時、あなたは…

①「仕方ない、次頑張ろう」と気持ちを切り替える
②「あれ、どこで間違ったんだ？？」と過去の手を振り返って悔やみ続ける

答えと解説

両者ともトレード向きの正解は①です。

つまり、トレードに必要なのは

・今まで緻密に計画を立ててコツコツと積み上げてきたにもかかわらずうまくいかなかったときに、ああすればよかった、こうすればよかったと長期間後悔することなく「まあいいや」と早く気持ちを切り替え、次を考えられること

そして

・絶対勝てると思われた勝負事で大逆転されてしまい負けたときにでも、それはそれで仕方がないと思い、次を考えられること

なのです。

2問とも②を選んだ人は、自分自身が思っていたのとは結果が逆になった場合、そのことを受け入れられない傾向にあります。

株というのは絶対上がると思っていても下がったり、絶対下がると思っていても上がったりするものです。そのような天邪鬼（あまのじゃく）な株と長く付き合っていこうとしたときに「仕方ない」「まあいいや」と思うようにしなければ、個々のトレードで損するたびに後悔ばかりすることになり、精神的に辛くなってしまい長く続けていくことができなくなります。

では、どうせ思いどおりにならないものなら、上か下かは神のみぞ知る「エイヤ！」のギャンブル気分で良いのでしょうか？これはダメです。いい加減な気持ちで適当にやってはいけませんし、生半可なやり方や考え方では勝てません。株を買う時はちゃんと分析し、買う時には「絶対上がる」と思える局面で自身の決めたルール通りに買わなければなりません。いい加減な気持ちや適当な気持ちでは絶対に買ってはいけません。

このように、

●株を買うまでの過程は「緻密に、かつ神経質に」

●結果はどうなるかわからないので「おおらかに、かつ寛大に」

この切り替えが大切なのです。

トレード適応力を伸ばすためのドリル

続いて、トレード向きになる能力をつけるための技術編のドリルです。

最初はウォーミングアップをしましょう。

あなたは子どもの頃に「知能テスト」などといった名称で呼ばれたテストを受けたことがあるでしょうか?今回はその中から図形認識に関わる問題を選んでみました。

問1

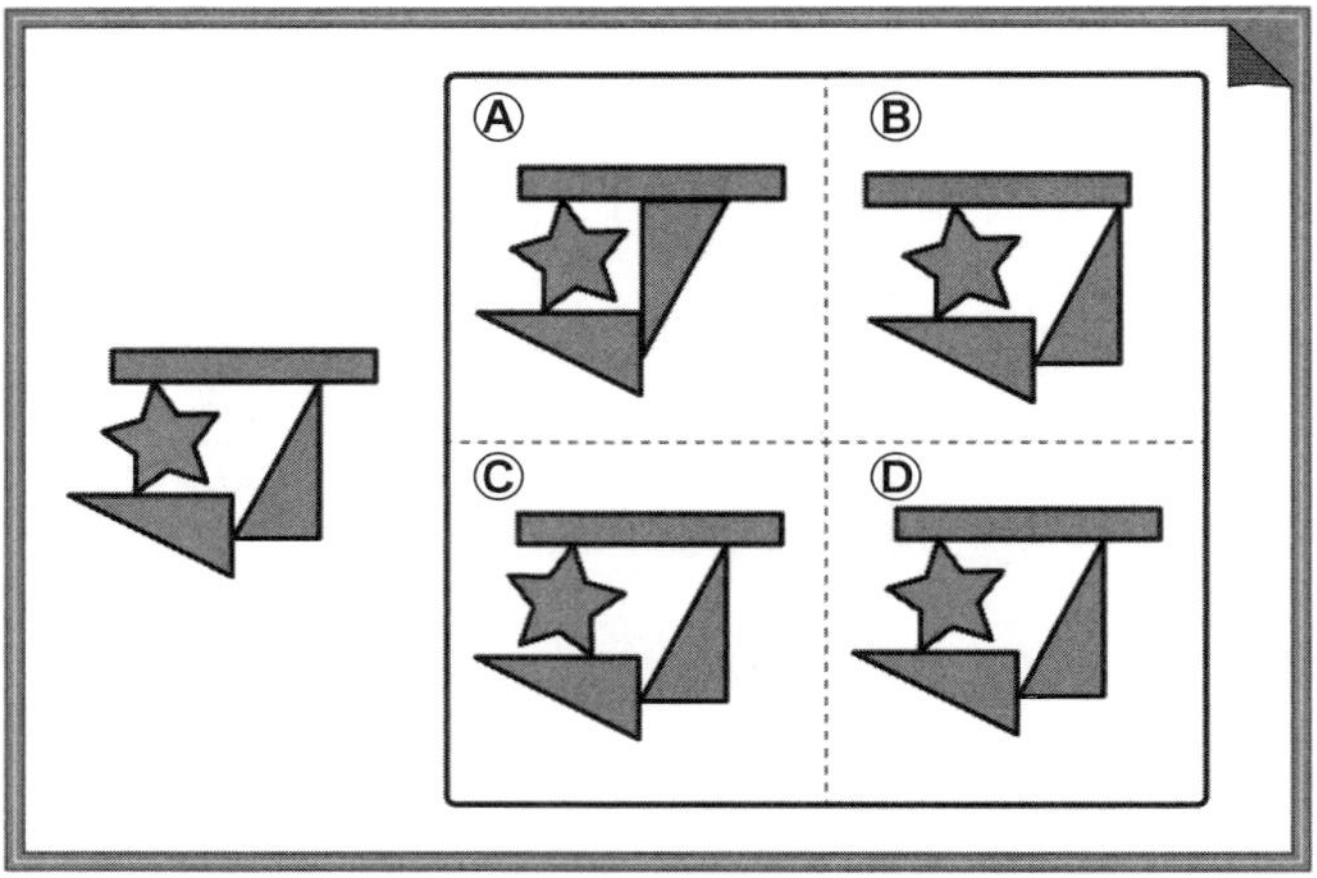

問1　左の図と同じ図形はA・B・C・Dのどれでしょう?

問2　左の図と右の図を重ねた時にできる図形はA・B・Cのどれでしょう?

問3　?に入る図形はA・B・Cのどれでしょう?

問2

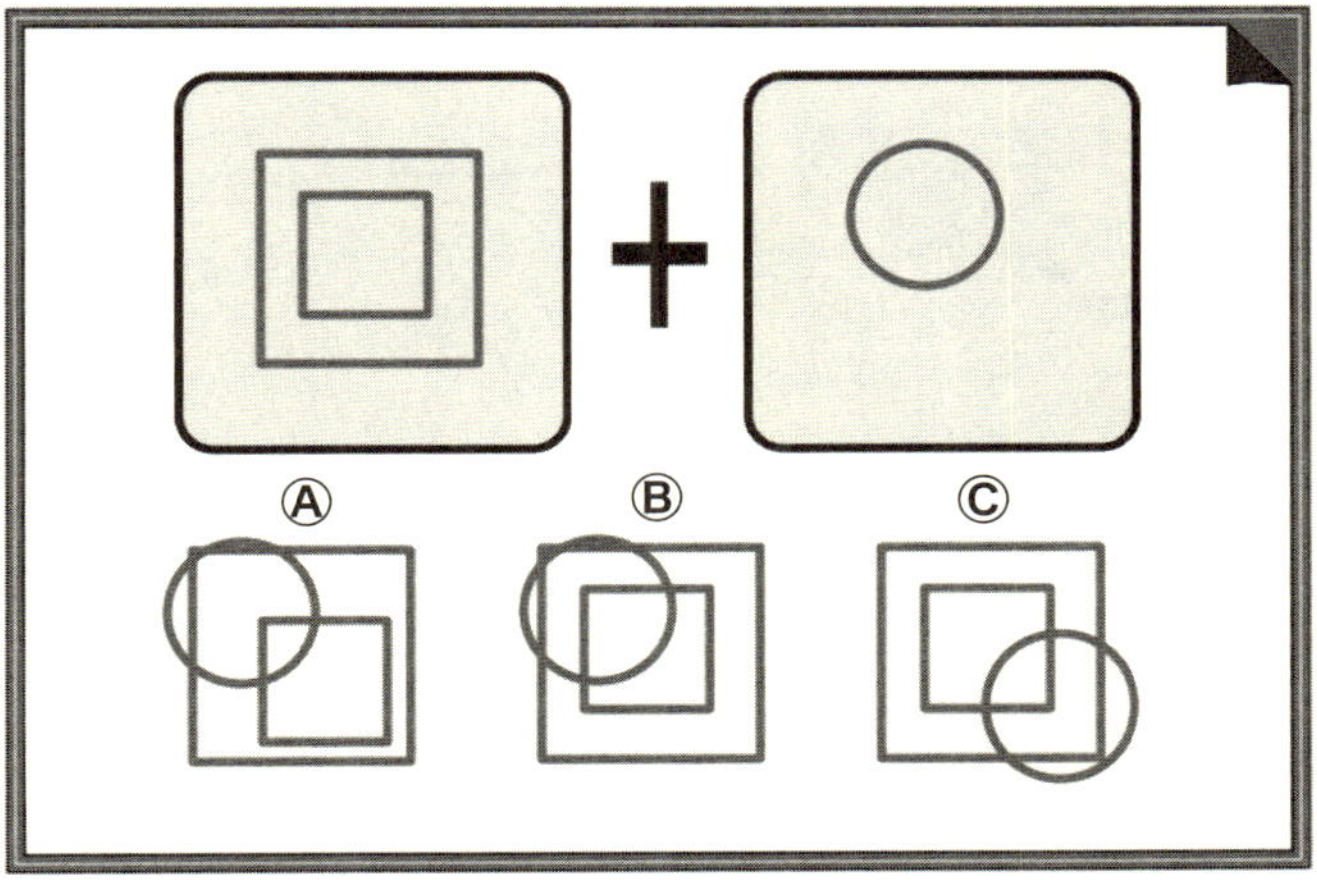

問3

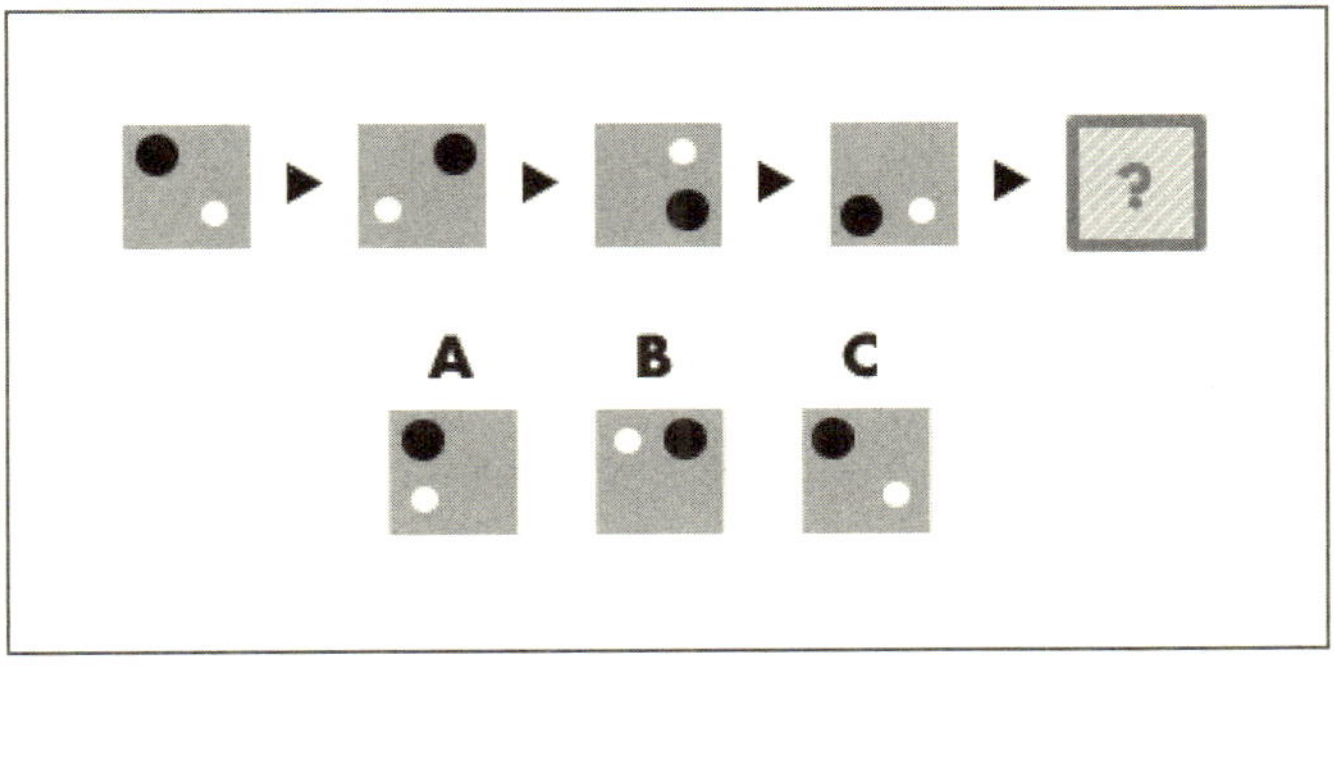

答1

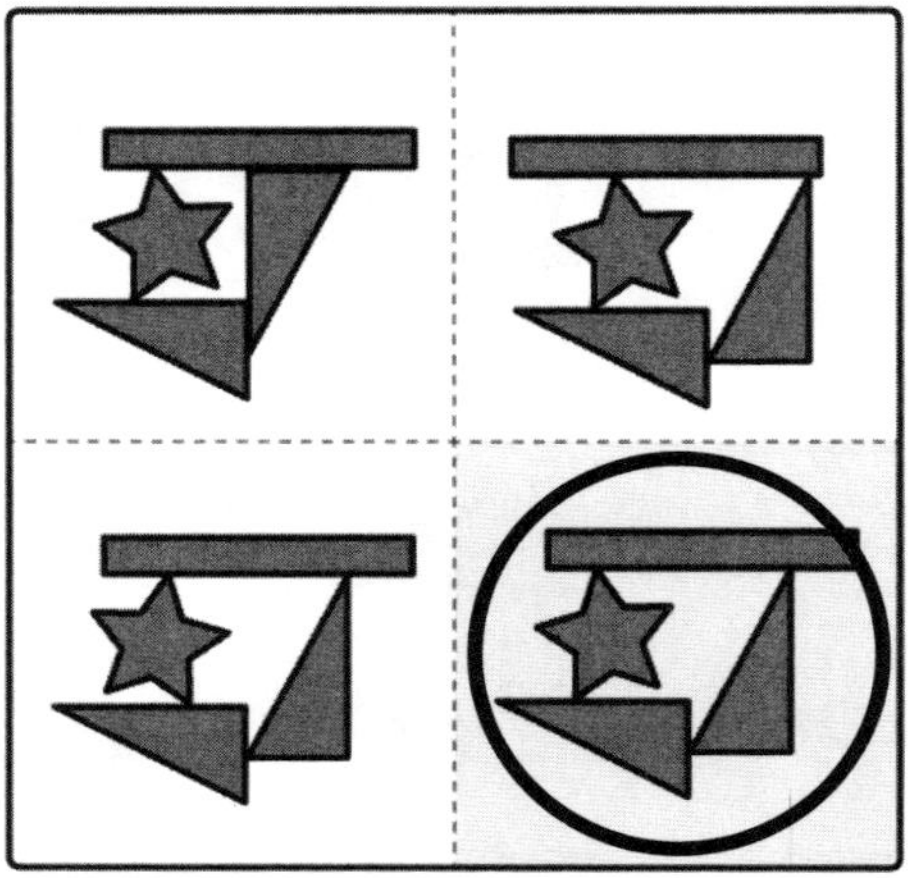

答えと解説

どうでしたか？これは図形形態認識能力を見るためのテストなのですが、この能力がトレードには必要なのです。どういう能力かと言いますと、

・いくつかの図形から同じ図形を見つけることができる
・重ねた図形が想像できる
・図形を回転させたらどういう図形になるか想像できる

などの能力です。

あなたが「こういうの得意！」という人であれば、この本でご紹介する自分ト

答2

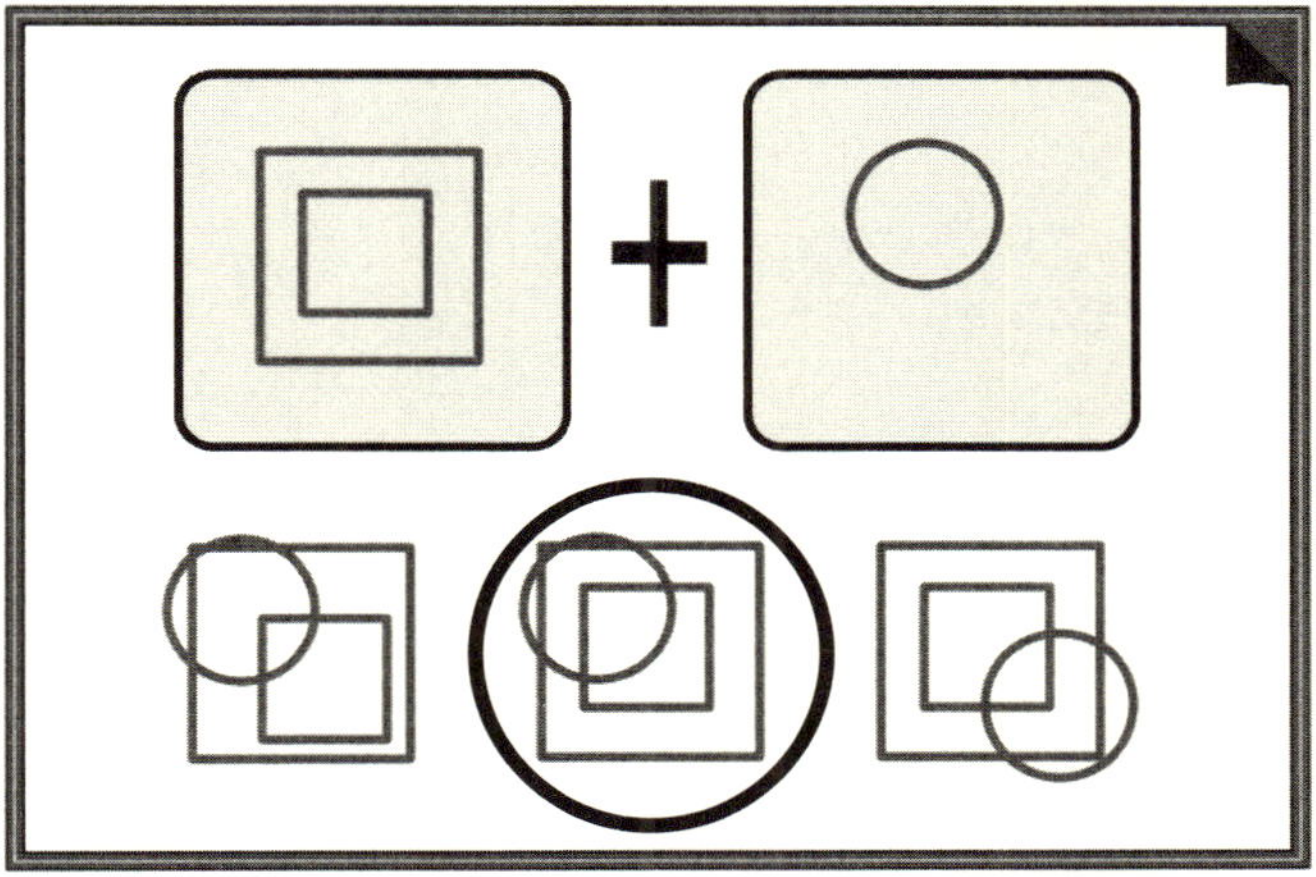

答3

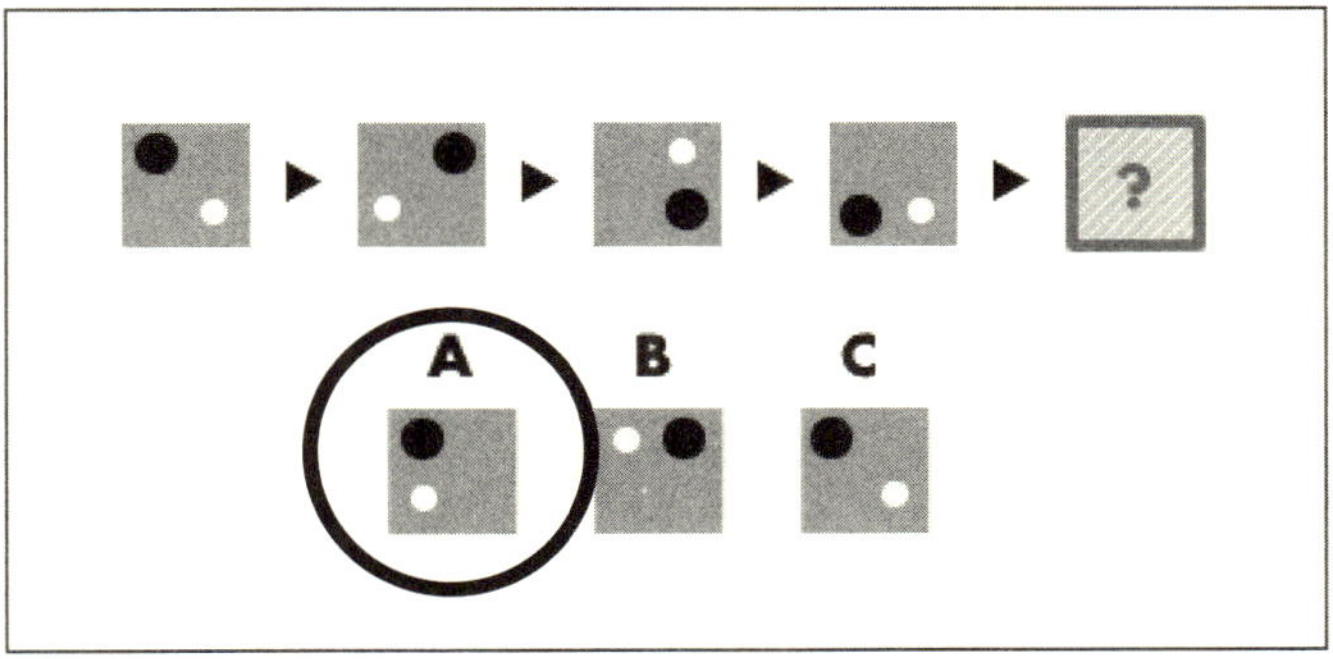

図1

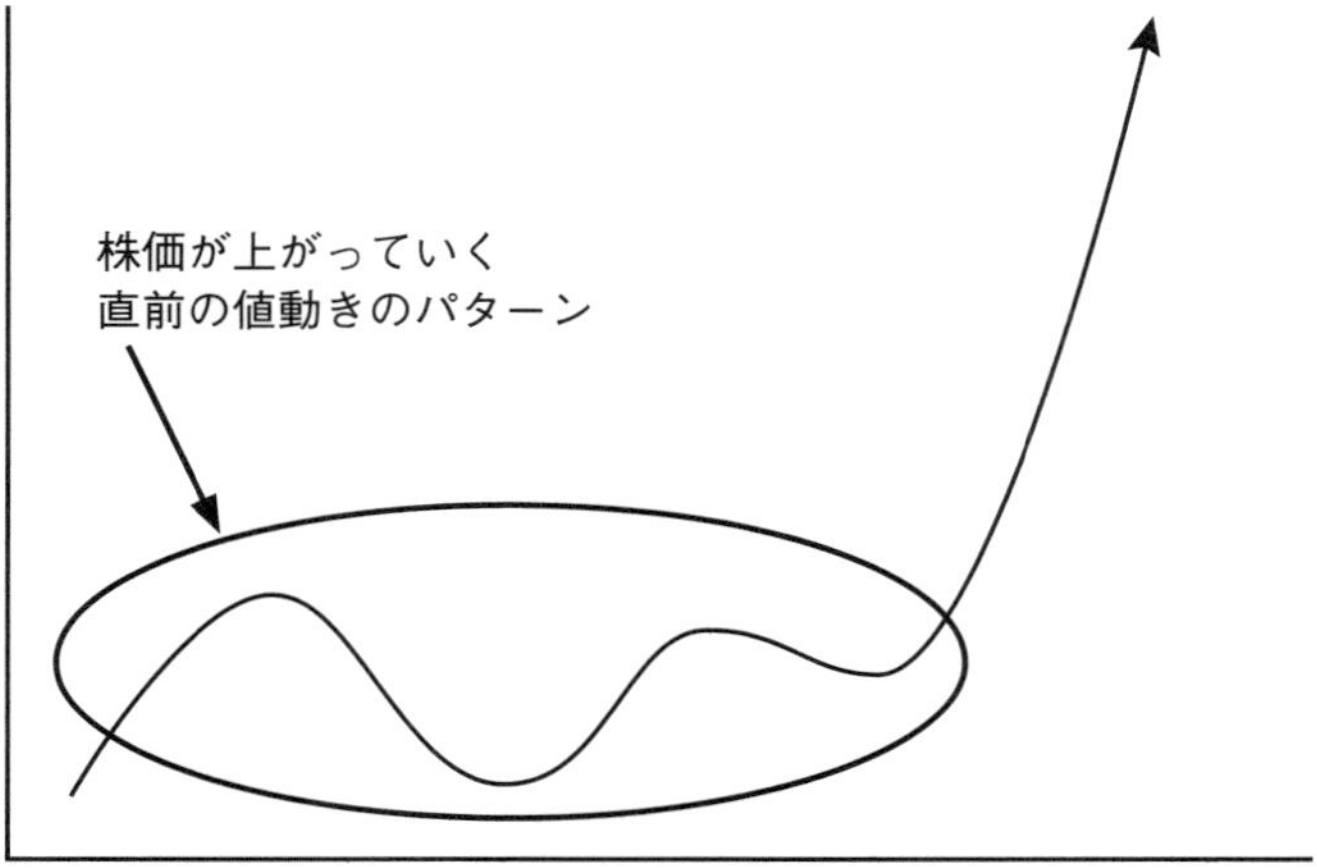

レ信向きです。自信を持ってください。かりに、あなたが「こういうの苦手なんだ」という人であっても、大丈夫です。安心してください。練習すればこの能力は身に付きます。練習方法ですが、似たような問題がネット上などにもたくさん出ていますから、その問題を数多く問いて練習してみてください。そうすれば、図形形態認識能力が高まっていくはずです。

さて、ではここからはもう少し実戦に近づきましょう。

問4　図1の株価の値動きですが、
図1は株価が上がっていく直前の値動きのパターンを表しています。
さて、図1の動きと同じ動きをしているものを左の3つから選んでください。

①

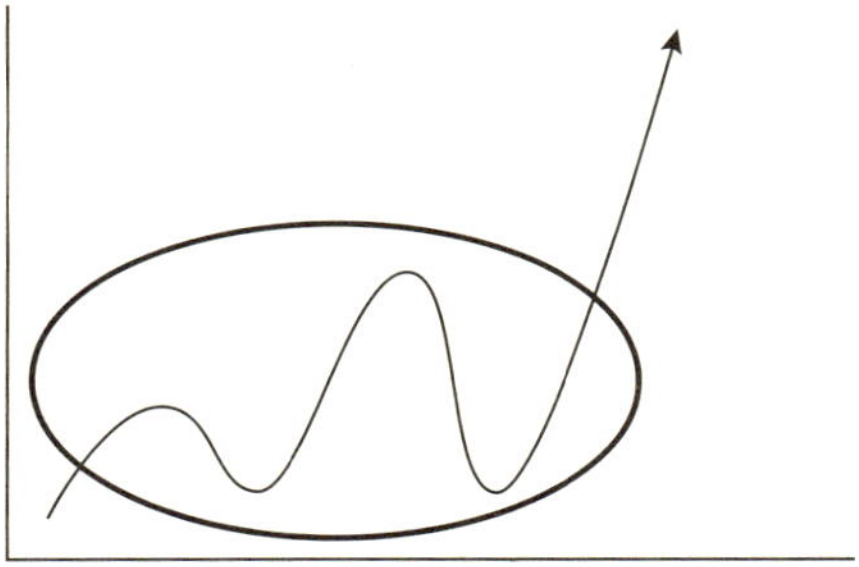

②

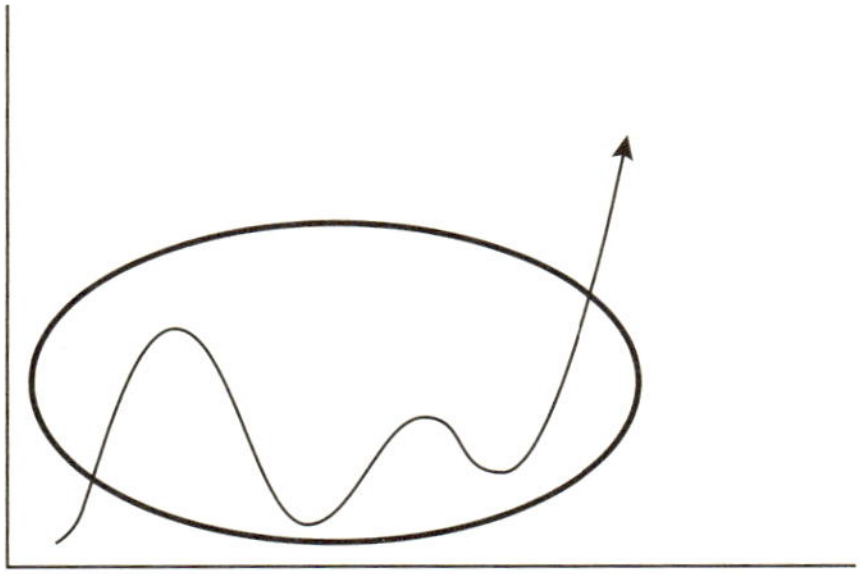

③

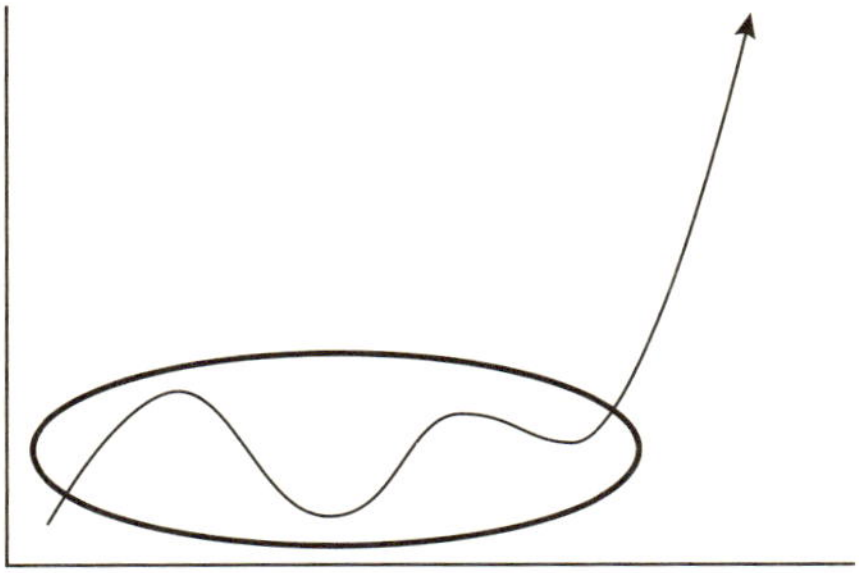

答えと解説

正解は、③です。

正解だった方は、センスがあります！トレードで稼ぐことができる人です。

図１と③が同じ形であることがわかったでしょうか？

図１と①②が異なった形ということがわかったでしょうか？

株のトレードで稼ぐためには、世間一般に考えられている株式投資で稼ぐために必要な難しい経済用語や投資知識、複雑な計算や算式は必要なく、このように図を見分ける図形形態認識能力さえあればＯＫです。

この問題に正解した人は基本的な図形形態認識能力が備わっていると考えて大丈夫です。そう、トレードで稼ぐために必要な基本的な能力が備わっているのです。

次は、実際の株価の値動きの中で、今のような図形認識ができるかどうかをチェックしましょう。
上記の株価の値動きを見てください。図の中に太い線で示したWのような形があると、その後株価は上がっていく傾向にあります。
実際のその後の株価で確認してみましょう。

ほら！Wの形の後、株価は上昇しているでしょう。

これが、「株価が上がっていく直前」のパターンの一つです。

では、実際に問題を解いてみましょう。

問5　前述した「W」が存在するものを左の3つから選んでください。

①

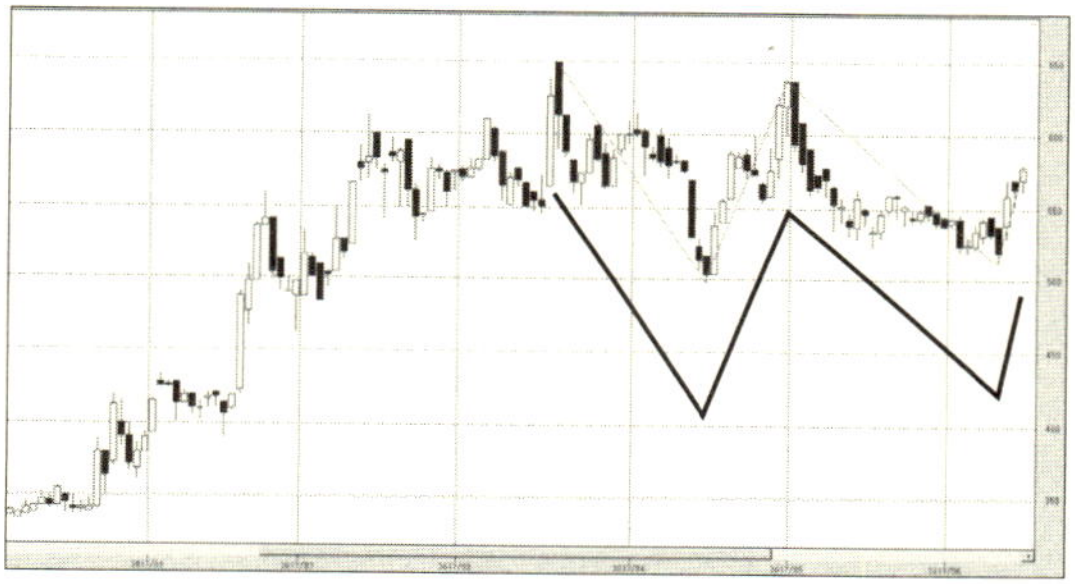

②

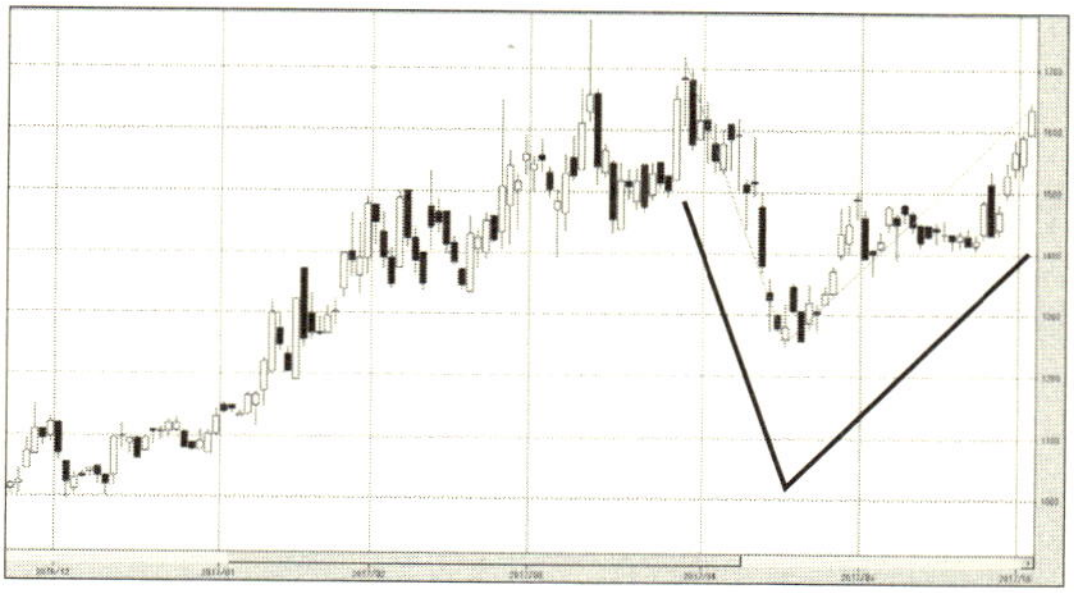

③

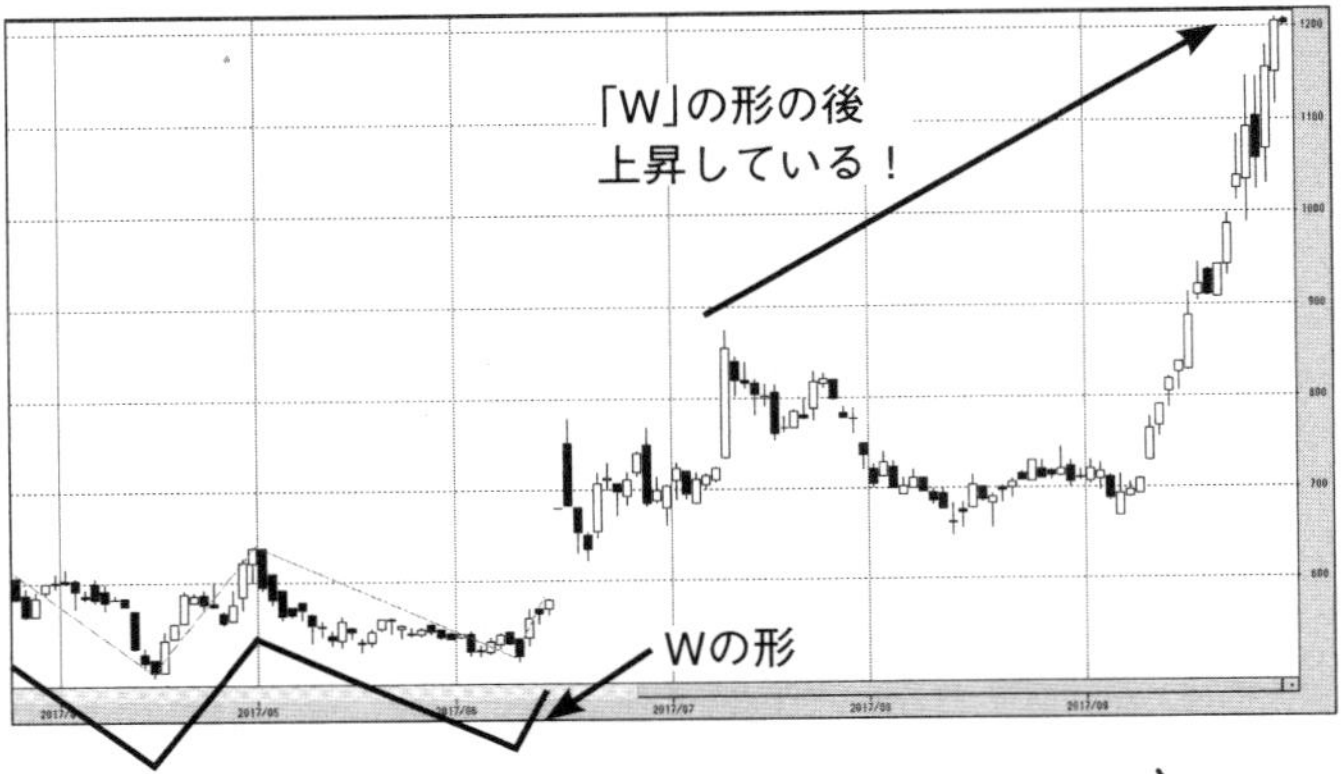

答えと解説

正解は、①です。実際に確かめてみましょう。

太い線で示したWの動きの後、株価が上がっているのがわかりますね。

このように上がる前には一定の規則的な動きが現れることがあります。

トレードに必要なのは、その動きを探すことだけなのです。

「おっ、これなら自分にもできそうだ！」そう思いませんか？そう思いますよね？できます！極端なことを言えば、幼稚園児くらいのお子さんにでも十分にできる程度のことです。「ウォーリーを探せ」ならぬ「Wを探せ！」です。

面白そうだな、と思われた人はこの先もどんどん読み進めてください。次の章では、トレードに関する基本的な知識を説明します。

第2章
これだけで十分！ トレードについての基礎知識

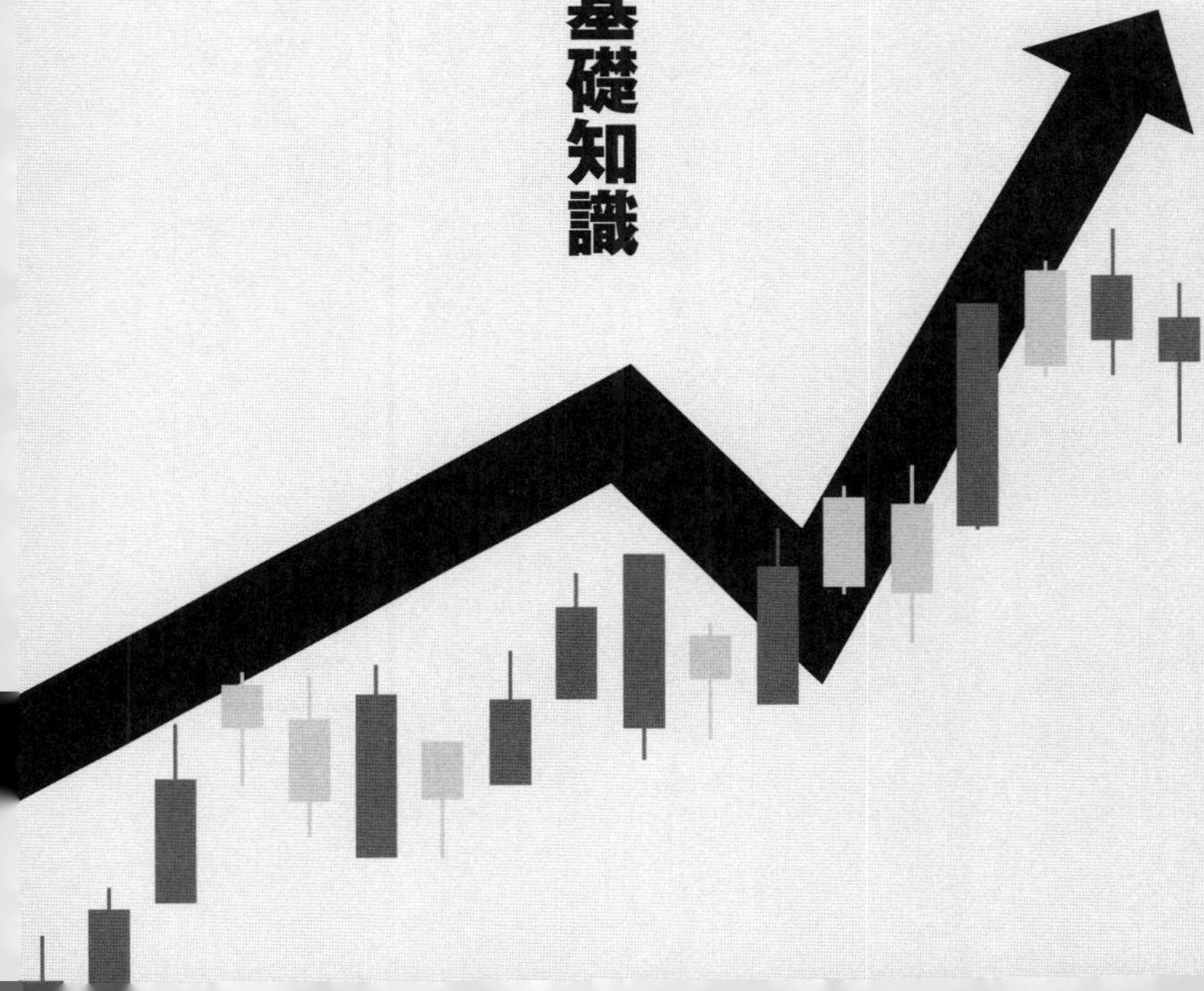

この世界で使うたった一つの道具！

トレードを行う時に必要な「道具」は株価チャートだけです。

株価チャートというのは、過去から現在までの株価の値動きを表したグラフで、縦軸が株価、横軸が時間です。トレードはこのグラフさえあればできます。他の情報は一切いりません。私もこの株価チャートだけを信用して長年に渡ってトレードを行い、成功を収めています。

では、株価チャートのどこを見ればいいのでしょうか?それは「ろうそく足」と「移動平均線」です。次にそれを説明します。

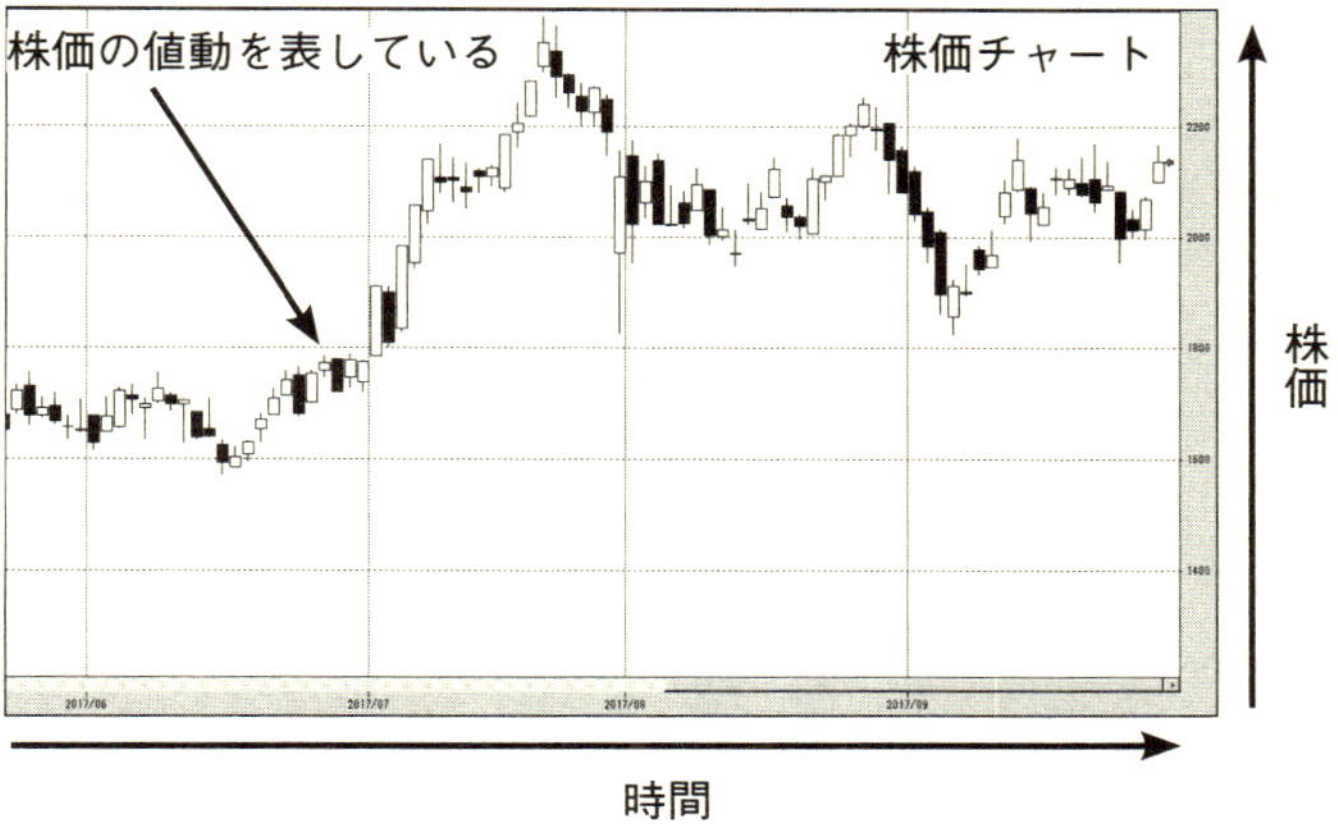
株価の値動きを表している
株価チャート
株価
時間

ろうそく足が表す意味を知っておこう

グラフの中にある白黒の四角形の形をしたものを「ろうそく足」と呼びます。四角形の形が「ろうそく」に似ているのでこう呼ばれています。

ろうそく足が示すのは、四本値（よんほんね）と言いまして、四つの価格です。株価の「始値」（はじめね）と「終値」（おわりね）と「高値」（たかね）と「安値」（やすね）です。終値が始値より高いか低いかで四角形の中の色が変わります。

終値が始値より高い場合は、白い色の四角形。（陽線「ようせん」と呼びます。）

終値が始値より低い場合は、黒い色の四角形。（陰線「いんせん」と呼びま

チャートの基本「ろうそく足」を理解しよう！

ろうそく足の構造（日足の場合）

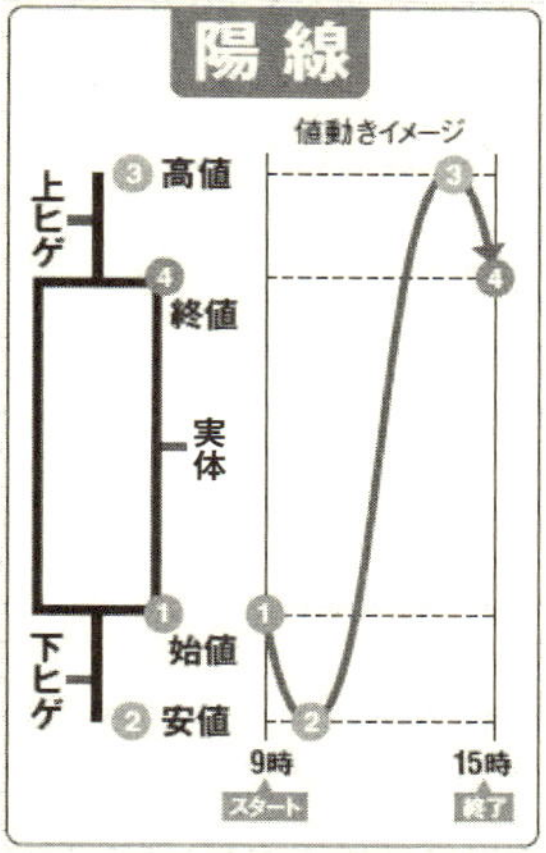

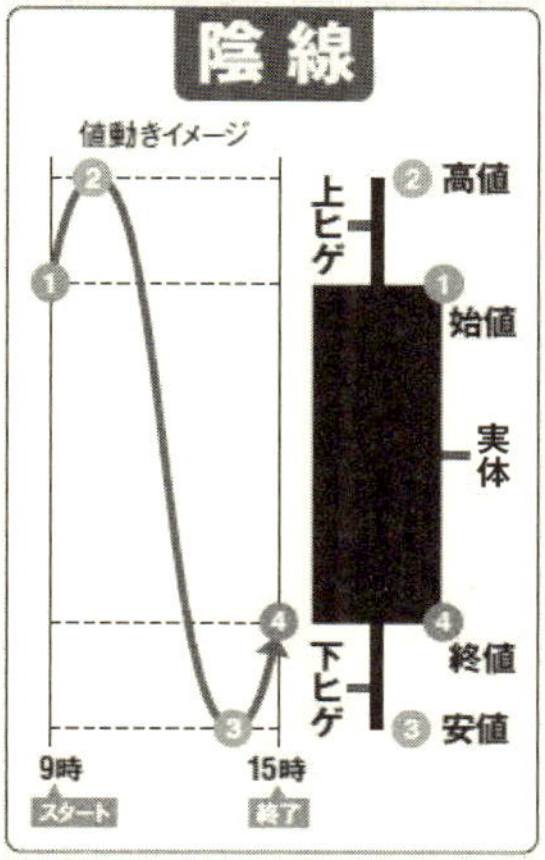

す。）

四角形から上下に出ている直線のことをヒゲと呼びます。このヒゲの先は、一定期間の取引の中で最も高い価格と最も低い価格を表しています。

ろうそく足には、一日の値動きを表す「日足」（ひあし）、一週間の値動きを表す「週足」（しゅうあし）、一カ月間の値動きを表す「月足」（つきあし）と呼ばれるものがあります。もちろん日足より短い「分足」（ふんあし）や月足より長い「年足」（ねんあし）などもありますが、本書では「月足」「週足」「日足」の3種類を使いますので、この3つを覚えておいてください。

移動平均線に注目！

次に、曲線の形で推移している線に注目してください。これは、移動平均線と呼ばれるものです。

移動平均線とは過去一定期間のろうそく足の終値を合計し、その一定期間で割り、平均値（移動平均値と呼びます。）を出し、その移動平均値をつなぎあわせたグラフです。これを見ると株価の目先の上げ下げの動きに惑わされることなく、株価の大きな流れを読み取ることができます。次ページの図を見てみますと、ろうそく足自体は陽線や陰線をつけながら上がったり下がったりしていますが、全体としては上がっています。その時、移動平均線の向きを確認すると上になっていますね。

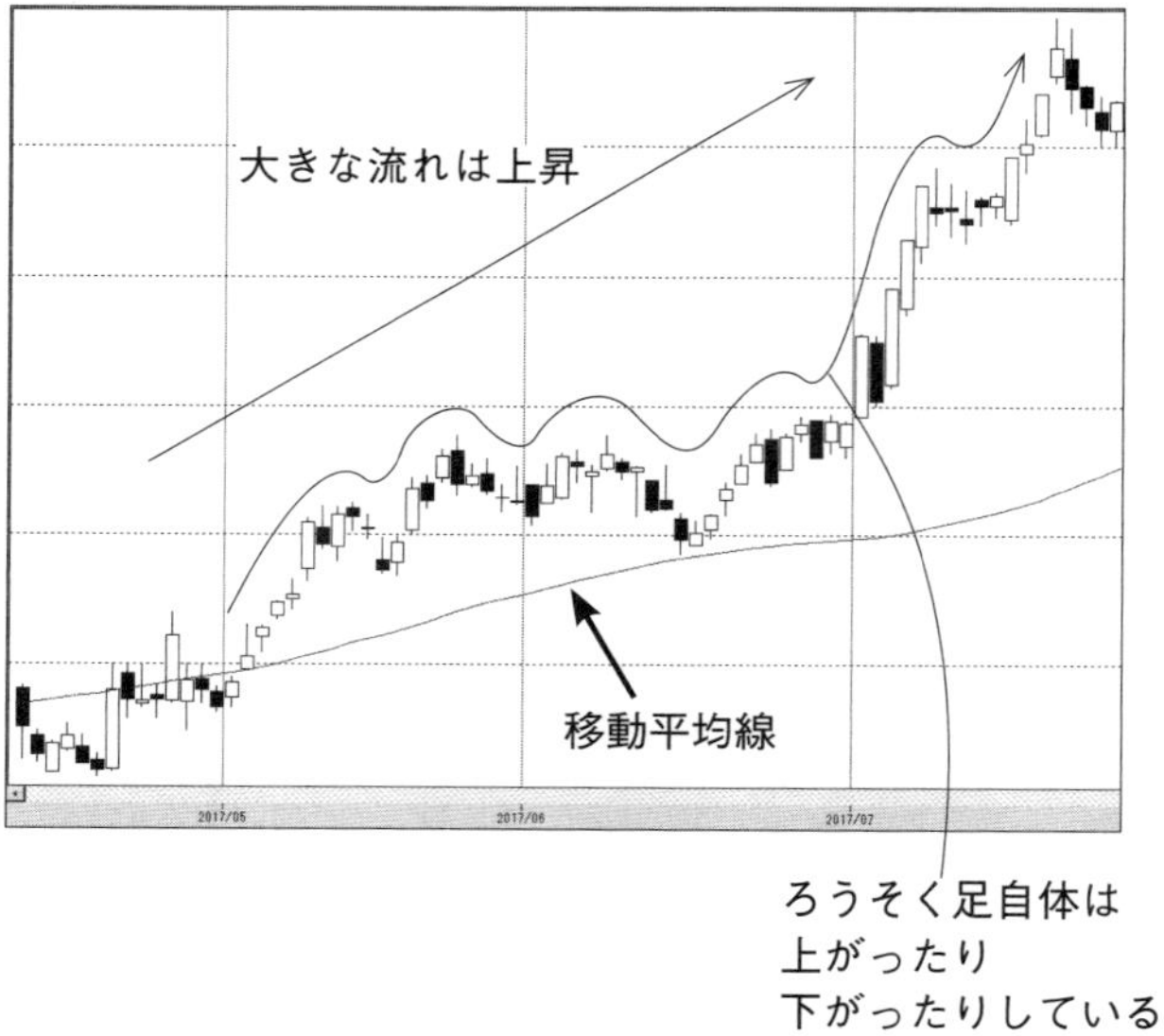
大きな流れは上昇
移動平均線
ろうそく足自体は
上がったり
下がったりしている
2017/05
2017/06
2017/07

3つの注文方法　その1　成行（なりゆき）

株の売買に関する指示を入力するときには3つの代表的な注文方法があります。その3つとは「成行」「指値」「逆指値」注文です。

その中からまずは「成行（なりゆき）」からマスターしましょう。

言葉通り「なりゆき」の注文です。「今買いたい」「今売りたい」という注文方法です。成行注文は、価格がいくらなのか正確にはわからないまま売買することになります。株価が500円近辺を推移しているときに「今買いたい」という注文（成行注文）を入れても、その瞬間に510円まで上がってしまっているかもしれません。その場合は510円で買うことになります。売る場合も同様です。「現値が500円だから、今売りたい」と思って成行注文しても、結果として

板情報

売り気配株数	気配値	買い気配株数
売りたい　1000	470	
1200	460	
500	450	買いたい
	440	500
	430	1000
	420	2000

４９０円で売ることになるというケースもあります。「気配値」という言葉を聞いたことがあるでしょうか。「板情報」とも言います。個々の銘柄には気配値が表示されており「買い」の注文がずらっと並んでいて（右側）、「売り」の注文もずらっと並んでいます（左側）。

　この場合、成行買いであれば、一番安く売ってくれる４５０円で買えます。

　成行売りであれば、一番高く買ってくれる４４０円で売れます。ただ、成行買いでも５００株超、たとえば１０００株であれば４５０円５００株と４６０円５００株の売り注文を買うことになります。また、成行売りでも同様に１０００株を希望するのであれば４４０円５００株と４３０円５００株の買い注文に対して売ることになります。

これらの買い気配と売り気配の位置は取引時間中（9：00～11：30　12：30～15：00）随時変化していますので、成行での売買価格はその時の売買タイミング次第で決まります。

本書で学ぶ自分トレ信においては「成行の買い注文は厳禁！」をルールとします。売る際の成行は後で説明するロスカットのためには絶対に売らなければならないのでＯＫです。しかし「買い」の成行についてはいくらでもいいから絶対に買わなければならないということはなく、予定の価格で買えなかったとしても、それはそれでかまいません。「買い注文」というのはこちらから勝負を仕掛けるということですから、買える価格がいくらかわからないというのはリスクが高いので、ＮＧです。買い注文には成行という不確定な要素を入れないようにします。

3つの注文方法　その2　指値（さしね）

次は、指値（さしね）をマスターします。

「この価格以下であればいくらでもいいから買いたい」という注文のことを指値注文と呼びます。例えば、現在500円前後を推移している株があった場合に、500円前後よりも安い価格で買いたいと言うのが指値注文です。その時「400円以下であればいくらでもいいから買いたい」と言うときには「400円指値買い」という注文になります。

この注文を入れると、株価が400円以下になったら買うことができます。当然ながら401円の時には買うことはできません。

株式市場が開いているのは平日の午前9時から午後3時まで（11：30～12：30

までは休憩）ですが、例えば当日の午前9時の段階で「400円指値買い」という指値注文をしていた場合は、その日の始値が390円だったらその時点（390円）で買うことになります。つまり、400円指値買いという指値注文は「400円以下であればいくらでも買います」という意思表示なのです。

ここは誤解している人が多いところなのですが、ピンポイントである400円で買うということではありません。こんなふうに考えてみてください。買い物に行き、あるものを買いたいと思っていて、財布の中に400円あるとしましょう。そんな場合、買いたいものが401円でした。401円ではお金が足りないから買えませんが、400円以内であればちょうど400円でも、あるいは350円でも買うことができますよね。それと同じことです。予算が400円以内ということですね。

売る場合の指値注文も同様です。400円で買ったものを「600円になったら売りたい」というように、今の価格から高くなったら売りたい時に注文するのが指値での売り注文です。この場合も、「600円以上であればいくらでも売ります」という意味になります。

3つの注文方法　その3　逆指値（ぎゃくさしね）

最後は、逆指値（ぎゃくさしね）です。

指値とは反対の使い方をする注文のことを逆指値注文と呼びます。

指値の場合は「〇〇円以下になったら買いたい」「〇〇円以上になったら売りたい」というものでしたが、逆指値注文はその逆で「〇〇円以上になったら買いたい」「〇〇円以下になったら売りたい」という注文のことだからです。

これは、

・株価が上がってきたら、もっと上がるから買いたい
・株価が下がってきたら、もっと下がるから売りたい

という、株価の勢いについていく注文だと言っていいでしょう。

この逆指値注文は、特に下がったときにその力を発揮します。それは上手に「ロスカット」ができるからです。例えば「４９０円以下になったら売りたい」という注文を入れておくと、株価が４９０円以下になったときに自動的に売ってくれます。

そして、ロスカットの場合は「４９０円以下になったら成り行きで売る」という指示をして、４９０円以下になったら絶対売るという意味の注文にしておきます。

「買い」の場合も、一定ラインを越えたらもっと上がるだろうから買いたいと考えた場合にそのラインとなる株価を指定して逆指値注文を入れておきます。

例）５００円以上になったら買い

↓　この場合は、株価が５００円以上になったら自動的に買ってくれます。

しかし、買いの場合は売りの場合と違って、株価が５００円以上になった時に、５００円というピンポイントで買いたいので「成行」ではなく「５００円」

で買うという指値注文を入れておく必要があります。

利用する証券会社によって、画面に表示される言葉遣いやレイアウトに差がありますので、一つの証券会社の画面だけを丸覚えするのではなく「成行」「指値」「逆指値」の意味を正確に理解し使い分けできることが大切です。そのためには「以上」「以下」「未満」「超え」「より上」「より下」など価格の示す範囲を正確に理解することがポイントになります。

この使い分けは、あなたも小学校の算数で習ったはずですが・・・習いましたよね。「もちろん!」「わかるわかる」と自信満々の人が多いと思いますが、本当に大丈夫?

ここまでのことがしっかり理解できているかどうか、次のドリルで確認してください。

思った通りの注文を入れることができるようになるためのドリル

問１　○×で答えてください。

今、株価が５００円の株があります。この株をどうしても買いたいときに、５００円で買うことができるのが成行買い注文である。

答えと解説

正解は「×」です。

成行買い注文では自分の指定した価格で買えるとは限りません。状況次第で買えたり買えなかったりします。この場合の回答は、５００円で買えることもあるが、それ以上になったりそれ以下になったりすることもあるというのが正解です。

問2　○×で答えてください。

今、株価が800円です。あなたはこの株を買いたいのですが今はまだ高くて手が出せません。600円まで下がったら買いたいと思ったときに「600円指値買い」という注文を出す。

510円
現在500円

この価格の時に
買おうとする。
株価は動いているので
510円で買えたり

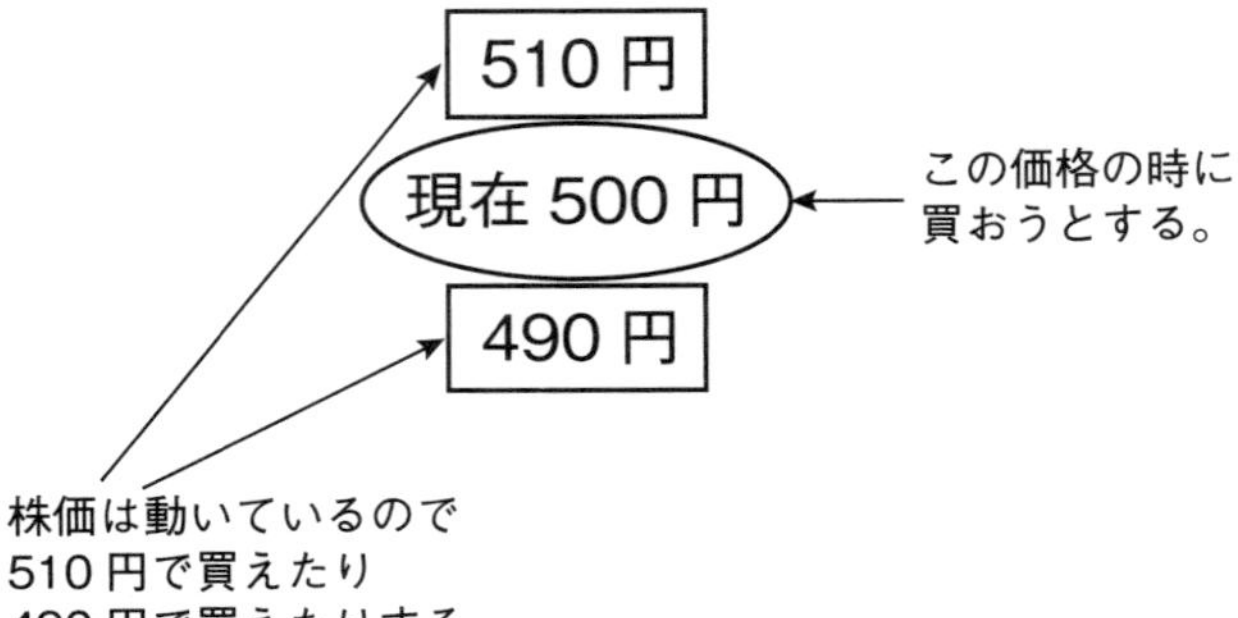
490円で買えたりする

答えと解説

正解は「○」です。

「指値買い」というのは、今の株価より下がったら買いたい時に出す注文、いわば待ち伏せて買う注文のことです。

問3　○×で答えてください。

現在、900円で買った株を保持しています。これを1000円で売りたいと思ったときに出す注文を「1000円逆指値売り」と注文を出す。

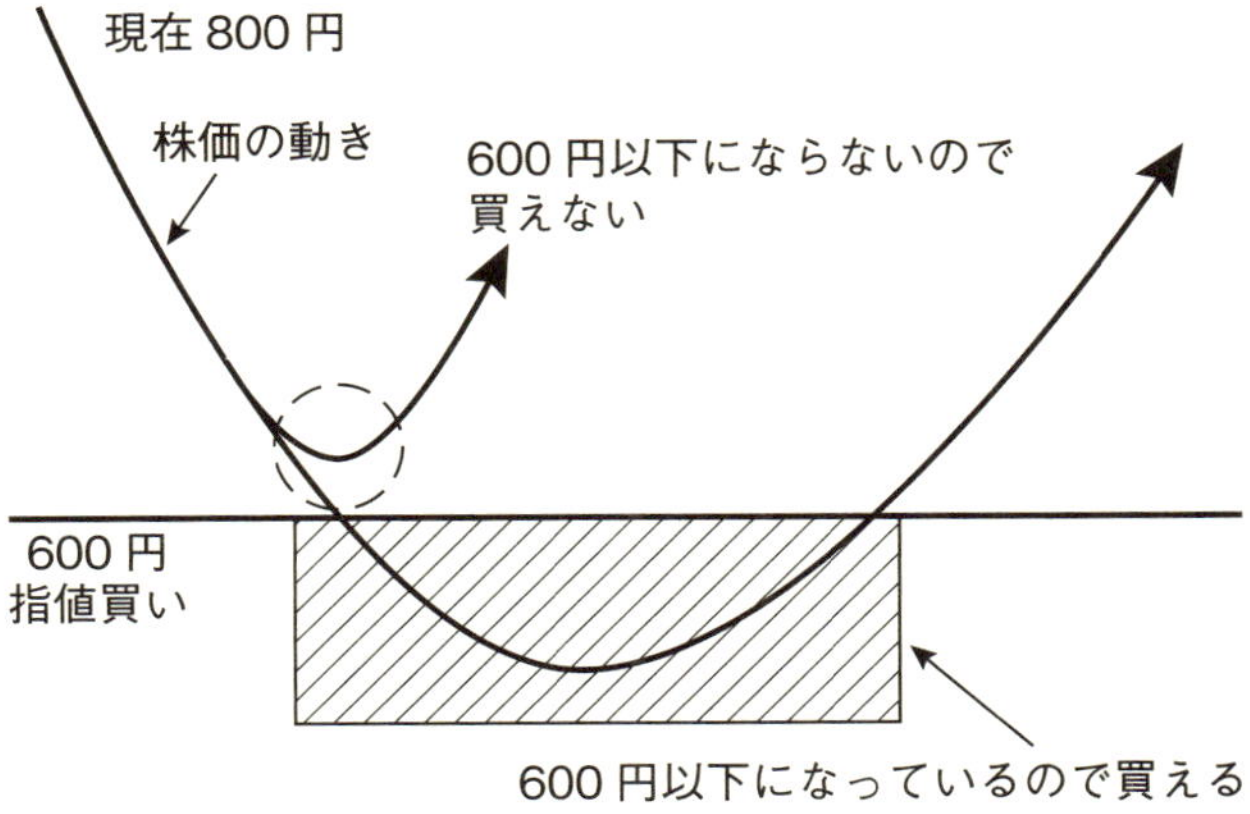

現在 800 円
株価の動き
600 円以下にならないので買えない
600 円
指値買い
600 円以下になっているので買える

答えと解説

正解は「×」です。

これは「1000円指値売り」ですね。

逆指値売りというのは株価が今よりも下がった時に出す注文で、上がった時に出す注文ではありません。

問4　○×で答えてください。

今、株価が200円です。この株が、210円を超えてきたら上昇の勢いがつくので買いたいと思ったときに出す注文は「210円以上になれば買い」という注文になる。

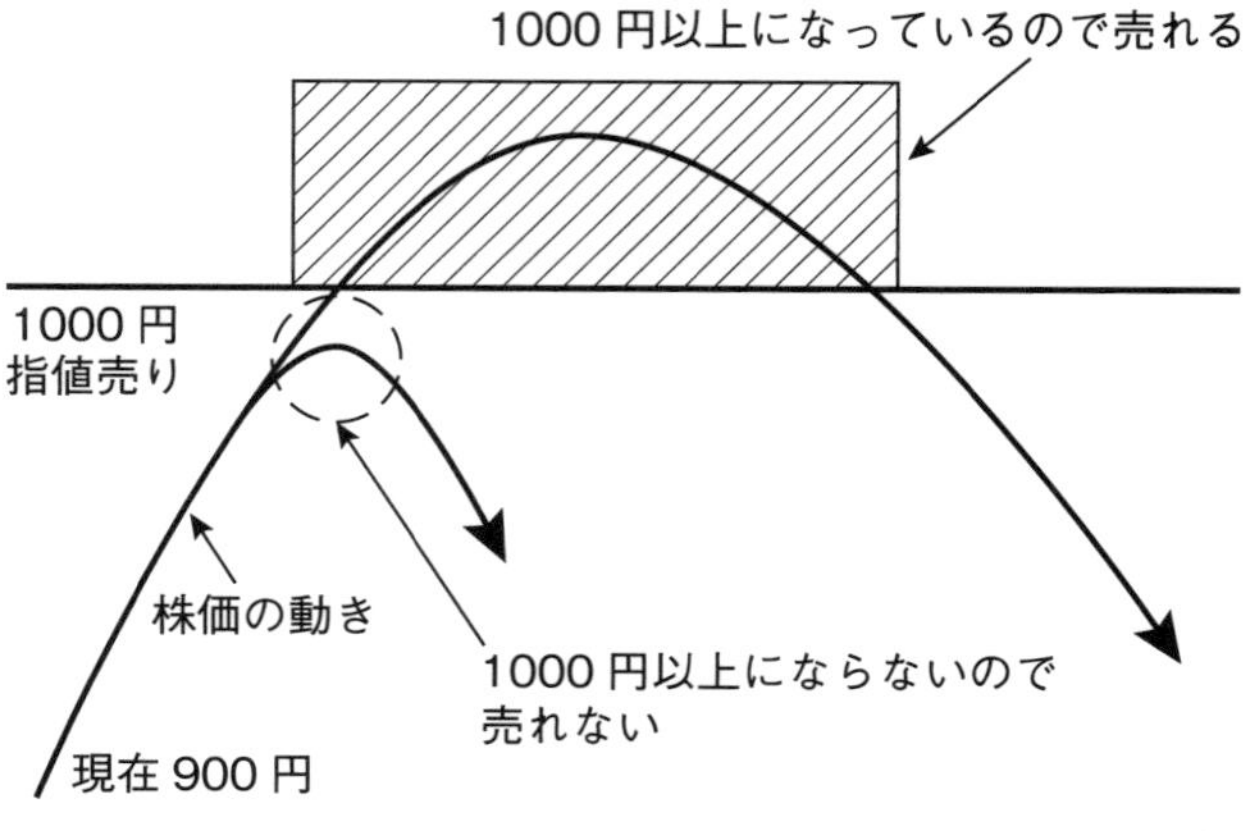

1000円以上になっているので売れる
1000円
指値売り
株価の動き
1000円以上にならないので
売れない
現在900円

答えと解説

答えは×です。

正解は「211円以上になれば買い」ですね。210円を超えるということは211円以上という指示になります。

問5　○×で答えてください。

今保持している株が300円です。この株が下がって290円を下回ったら売りたいと思ったときの注文は「289円指値売り」となります。

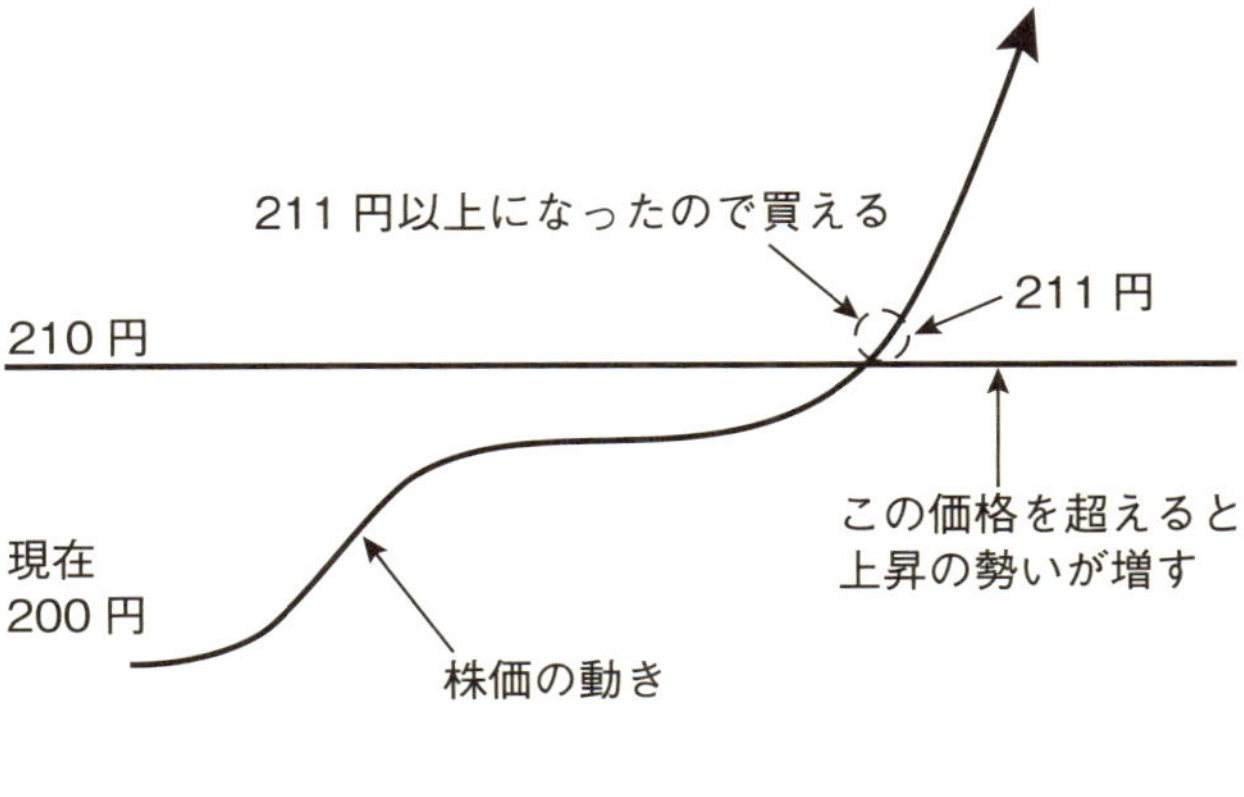
211 円以上になったので買える
211 円
210 円
この価格を超えると
上昇の勢いが増す
現在
200 円
株価の動き

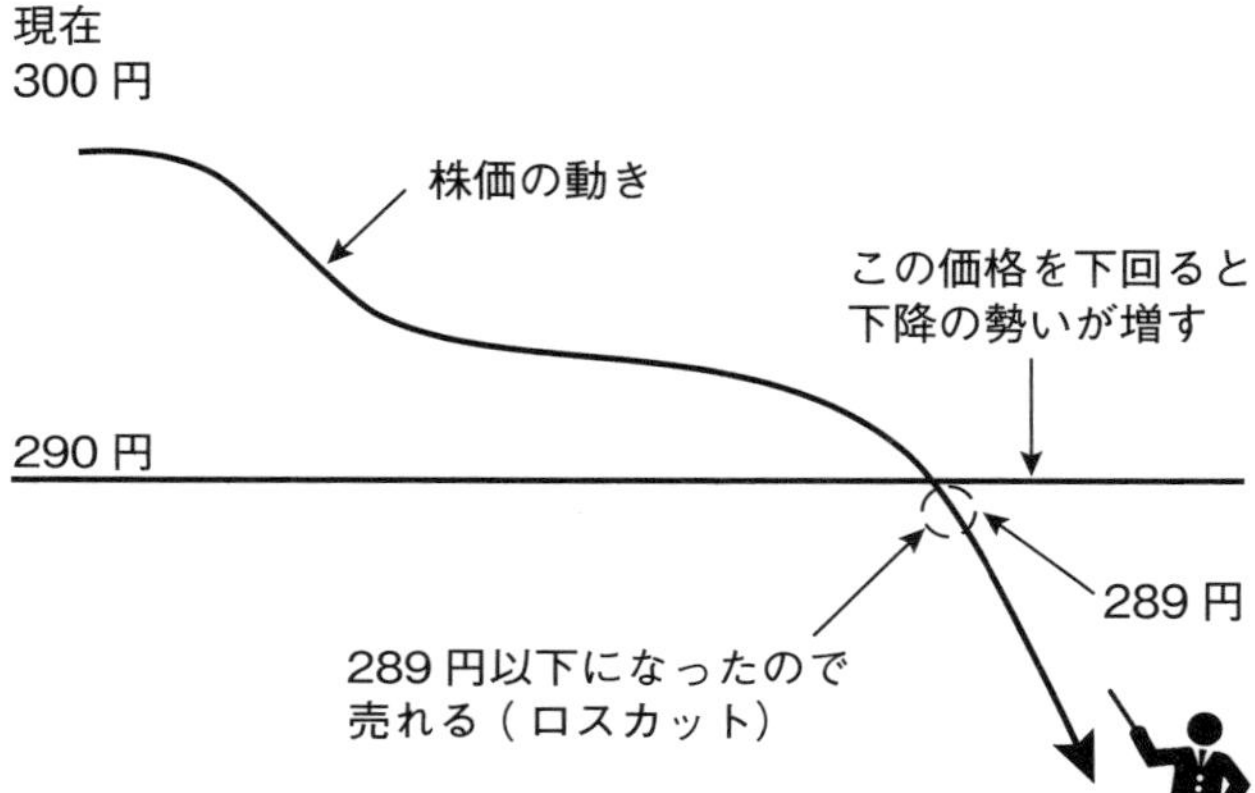
現在
300円
株価の動き
この価格を下回ると
下降の勢いが増す
290円
289円
289円以下になったので
売れる（ロスカット）

答えと解説

正解は×です。今の状況より下げたときに売りたい注文は逆指値を使って売らなければなりません。「逆指値注文で２８９円以下になれば売り」と出すのが正解です。

どうでしょうか？全問正解できたでしょうか？

成行、指値、逆指値の意味や使い方、しっかり理解できているでしょうか？いったん覚えてしまえば簡単ですが、あやふやに理解しているとうまく注文ができず、注文自体が入らないことがあります。それどころか、注文を間違うことにより、損失を被ってしまうこともありますので、面倒くさがらずにここでしっかり理解しておいてください。

第3章

一カ月に一度、1000円でトレード勝負！

STEP1　チャートを探そう

ここまで読み進められてきて、「できそう！すぐにでもトレードをやってみたい」という人がたくさんいらっしゃるのではないかなと思うのですがどうでしょう。そう思った人は、ぜひ、ここから一緒にトレードの世界に実際に入っていきましょう。

さて、この世界で使うたった一つの道具が株価チャートだとお話しました。そこで、どのような株価チャートを使うかですが、最初は無料で見ることができるチャートで良いと思います。（ただし本気でチャレンジしていこうと決心したら、使いやすく細かく分析のできる有料のチャートを観てください。本書の後半で紹介いたします。）

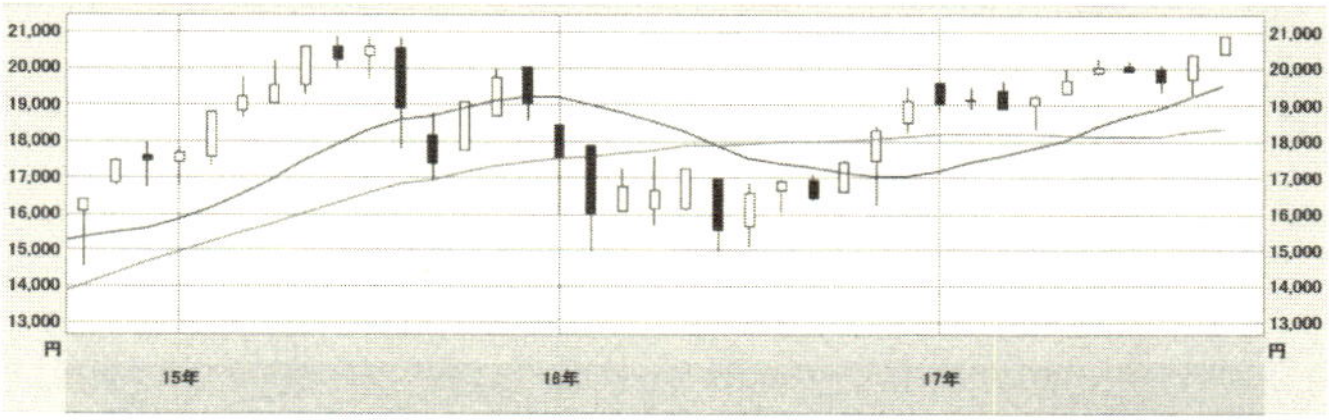

スマートチャート

インターネットの検索で「株　チャート」と入力すればいくつかチャートソフトが出てきます。そのチャートソフトの中のチャート期間設定等の箇所に、月足があり、移動平均線として24カ月移動平均線、12カ月移動平均線がある、もしくはこの二つの平均線を設定できればＯＫです。現在（２０１７年12月）なら日本経済新聞社のスマートチャートなどを利用すればいいでしょう。

STEP2　月足チャートを使おう

月足チャートをじっくり見ていきましょう。月足チャートは、毎月の値動きをろうそく足にして表したチャートで、通常は長期トレードで使うものです。今回は、ここから始めていきます。

月足のろうそく足を見てください。

その月の始値と終値、高値と安値がわかります。始値は、その月の第一営業日の始まった価格です。終値はその月の最終営業日の終わった価格です。現在進行形でまだ終わっていない当月については、始値だけは決まっていますが、高値、安値、終値は暫定という途中足になります。たとえば、現在が10月8日の15：00だとすると、10月の月足は10月8日の終値段階のろうそく足になります。そし

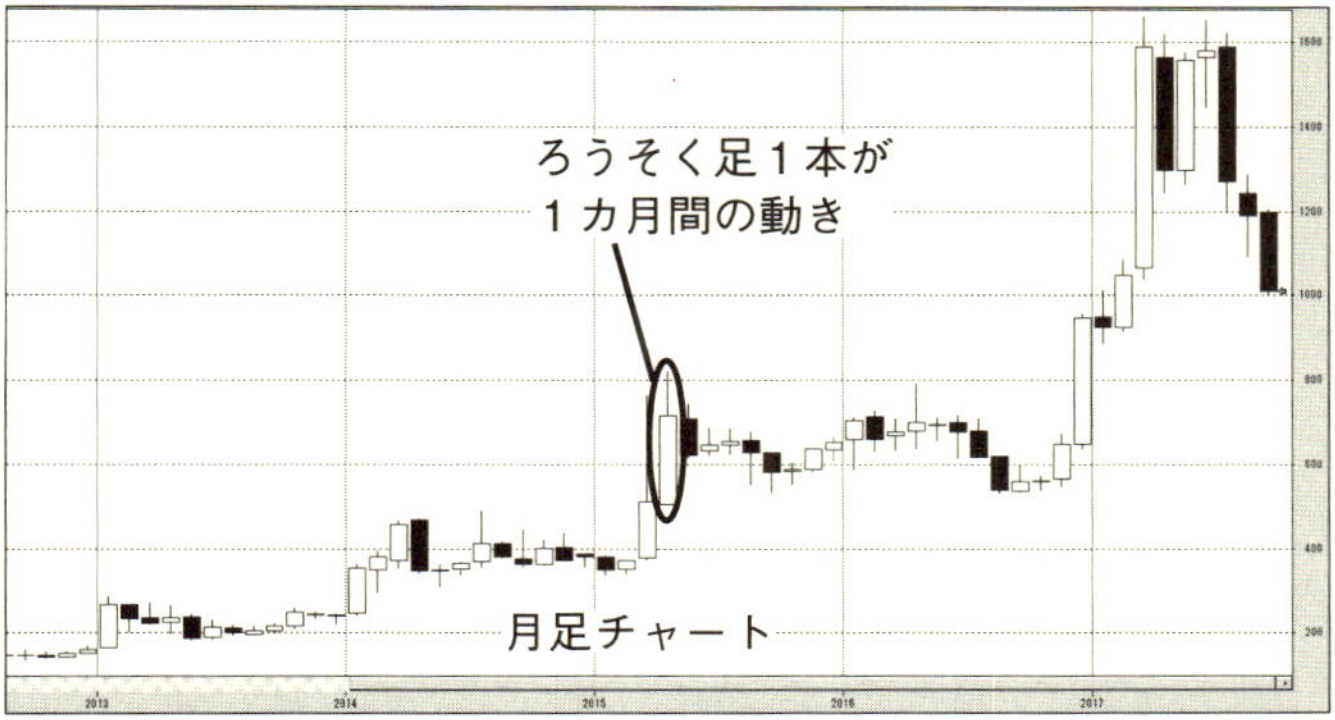
ろうそく足１本が
１カ月間の動き
月足チャート

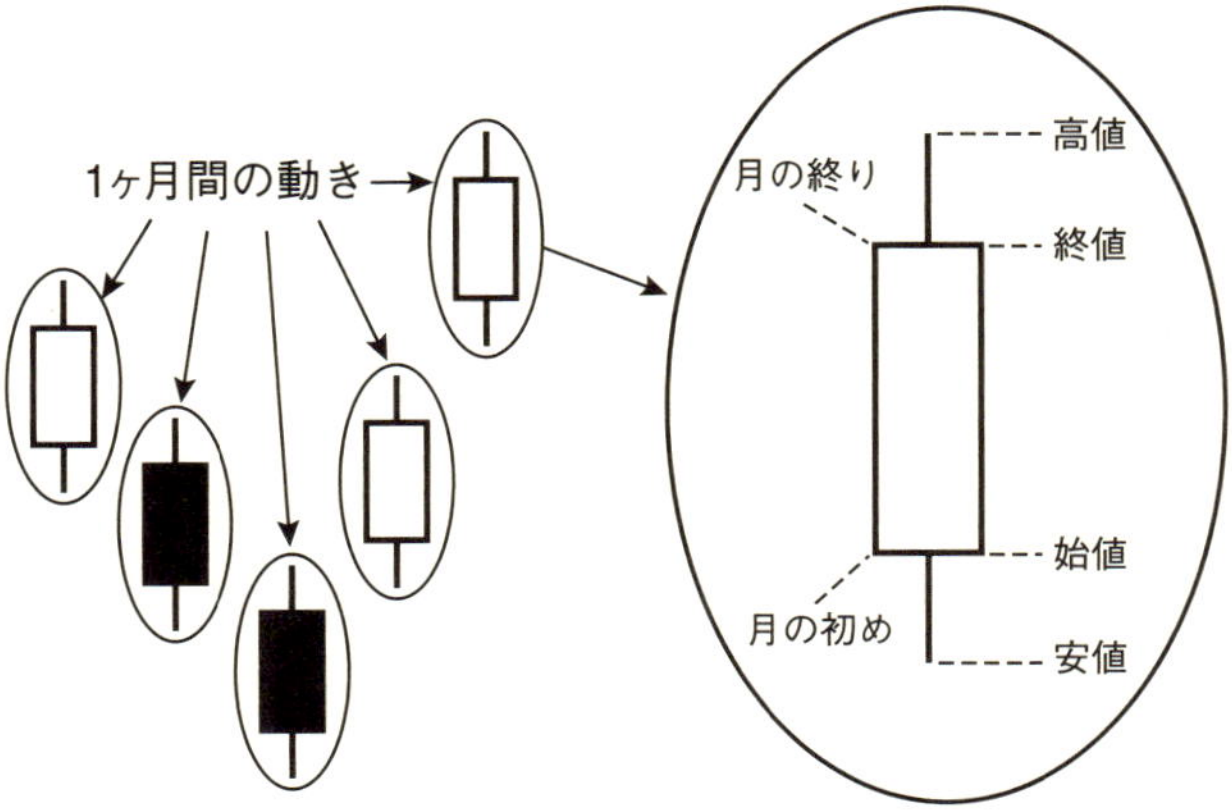
1ヶ月間の動き
月の終り
高値
終値
始値
月の初め
安値

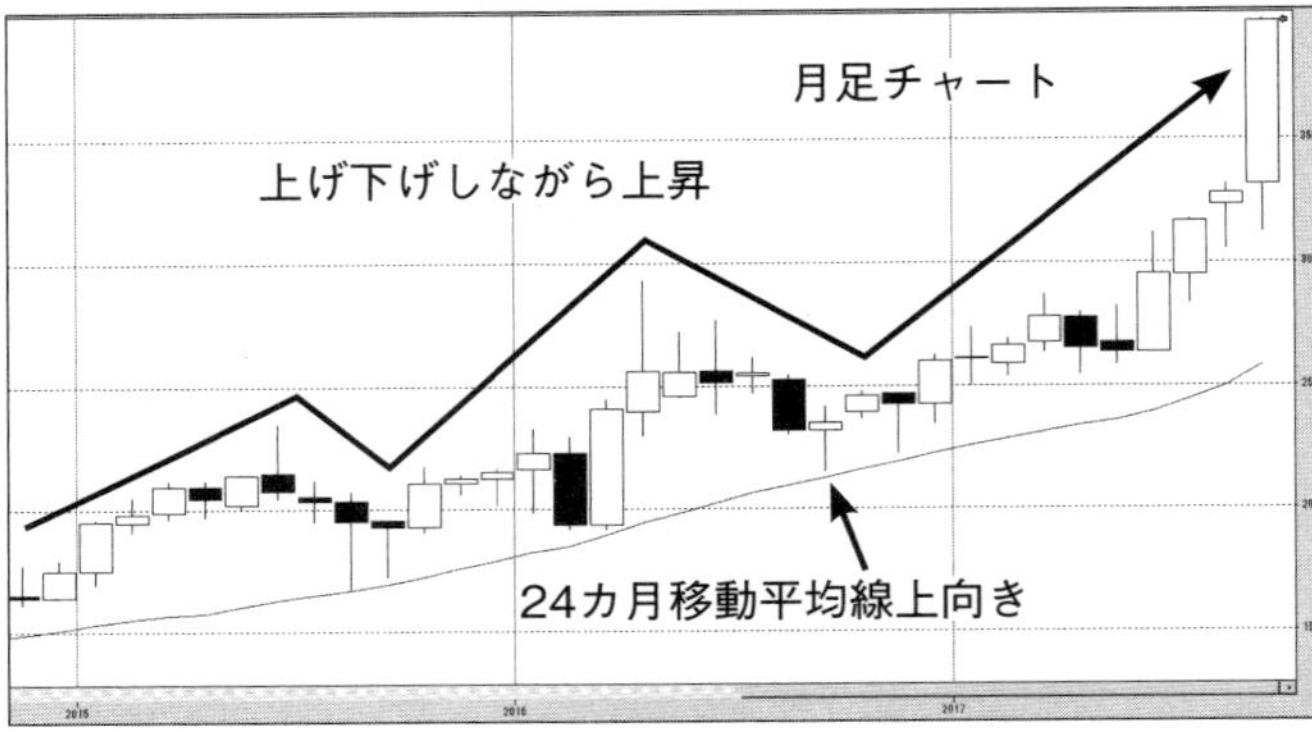

て、その月の終値が決定すれば、高値、安値、始値、終値のろうそく足が完成します。

次は移動平均線です。まず24カ月移動平均線を見てみます。株価というのは月々の動きを見ると、陽線陰線をつけながらランダムに上がったり下がったりしているように見えますが、実際にはそんなことはありません。株価の動きには癖があって、それは

「いったん上がり始めるとしばらくは上がる」

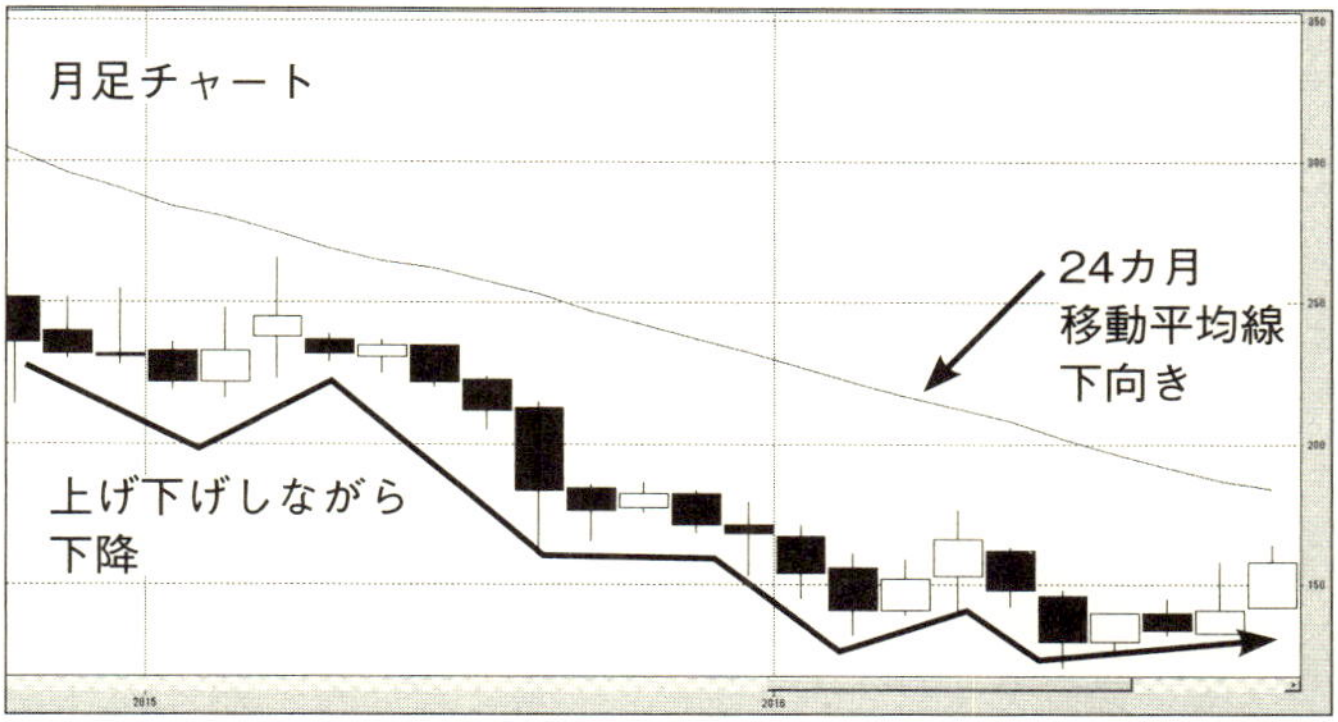

「いったん下がり始めるとしばらくは下がる」

というものです。

右の図の月足チャートを見てください。毎月のろうそく足は陽線・陰線を付けながら上げたり下げたりしていますが全体的には上昇しています。

もうひとつ、見てみましょう。

左の図の月足チャートを見てください。毎月のろうそく足は陽線陰線を付けながら上げたり下げたりしていますが全体的には下降していますね。

これらを見るとわかるように、移動平

均線を見れば、長期的な流れとしての上昇と下降の様子をつかむことができます。そしてこれを利用して「買うポイント」となる場所「買い場」を探します。

株価には「いったん上がり始めるとしばらくは上がる、いったん下がり始めるとしばらくは下がる」癖があると前述しました。ということは、24カ月移動平均線が下を向いているときはまだ下がるかもしれないから買わない、上を向いているときはまだ上がるかもしれないから買うという判断ができます。

では、いつごろ買うのか？

勘のいい人ならわかったと思います。そうです。

移動平均線が下向きの状態から上向きになってきたところが「買い場」になります。

ただ、下向きだった移動平均線が上に向いてきたところで買ったとしても、その時すでに株価が大きく上昇してしまっていて、その後すぐに下がることもあり

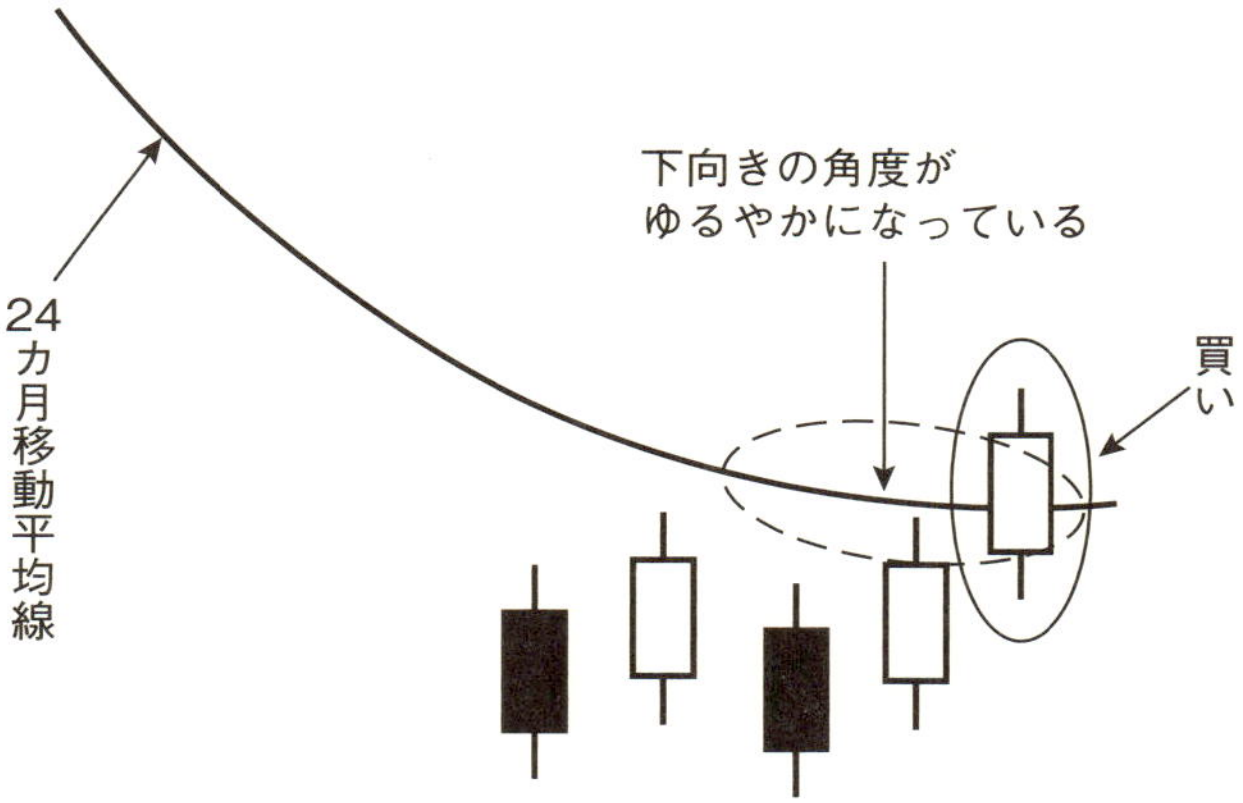

ます。そうならないためには、移動平均線だけを見るのではなく、ろうそく足も見て考える必要があります。

では、どこが買い場なのか？

「移動平均線をろうそく足が下から上に抜けたところ」

ここが、買い場です。

ポイントとしては、下に向いている移動平均線の角度がゆるやかになり、横ばい近くか横ばい、もしくは上向きになった近辺を株価が下から上に突き抜けた時、ということになります。この時ですが、移動平均線は下に向いていてもＯＫ

月足チャート

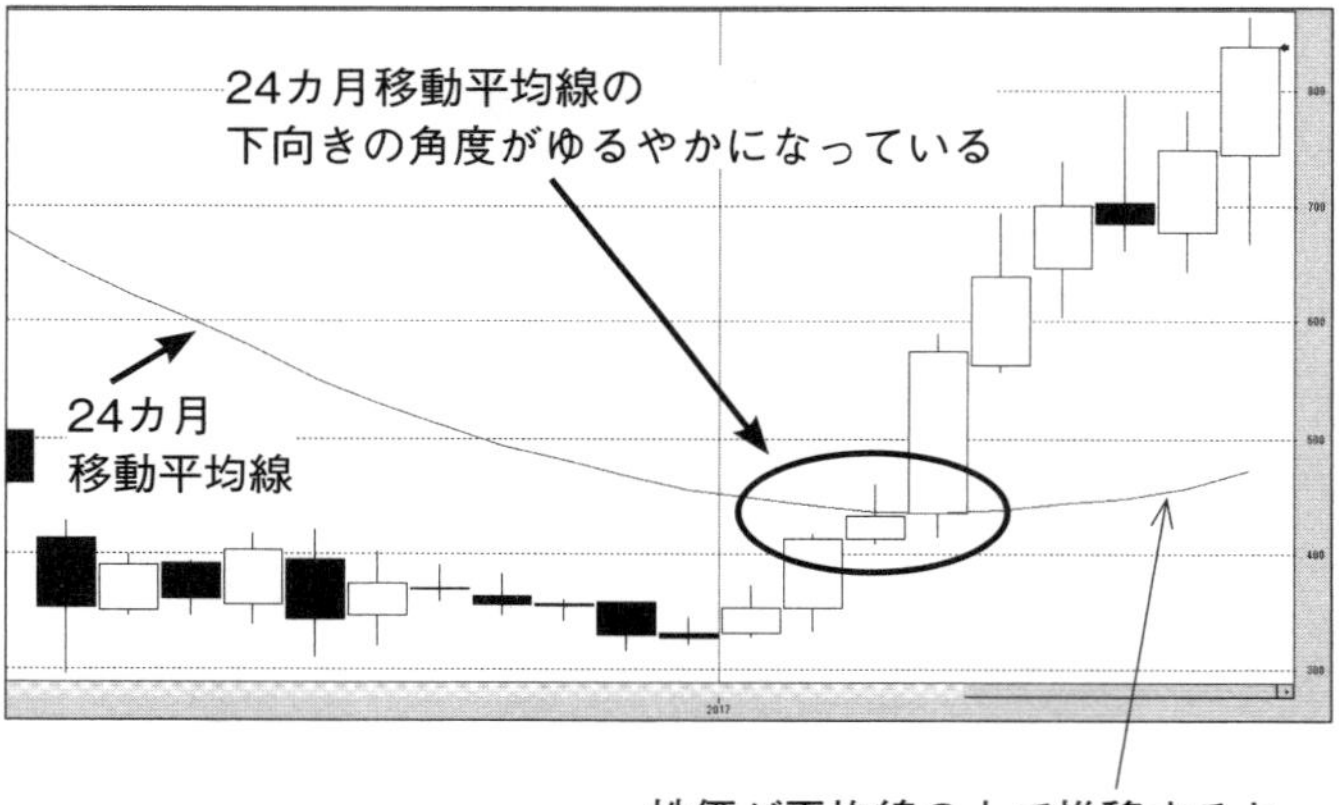
24カ月移動平均線の
下向きの角度がゆるやかになっている
24カ月
移動平均線
株価が平均線の上で推移すると
上に向いてくる

です。下向きの角度が緩やかになっている状態、下げ止まり感があることがポイントになります。そしてその後、移動平均線が上に向いてきます。（移動平均線の上で株価が推移し出すと、平均値も上がっていき、平均線が上に向いてくる。）

このことがまだよく理解できない場合、まずは「株価が移動平均線を上に抜けたら上がる」こう覚えておいてください。

これは、株価チャートの世界では「常識」となっていることの一つでもあります。私たちの一般社会であれば、交通ルールでの「信号が青なら進む」というのと、同じくらいシンプルなルールなのです。

STEP3　二重ロックで安心！「ダマシ」対策

「株価が移動平均線を上に抜けたら上がる」と、前項で説明しました。しかし、

月足チャート

実際にはそれでも下がることはあります。

上の図を見ますと、２０１２年3月に陽線で移動平均線を上に抜けたのに、4月以降下げてしまっていますね。これをダマシと言います。

せっかく覚えたルールなのに、ダマシがあるなんて、困ったものです。だからと言って「やっぱり株価チャートでトレードなんて怖いなぁ…」と早々と諦めないでくださいね。一つの指標（24カ月移動平均線）だけではうまくいかないことも、もう一つ別の指標を重ねればぐんと確率が上がります。家に泥棒が入らないように家の鍵を1つだけでは心もとな

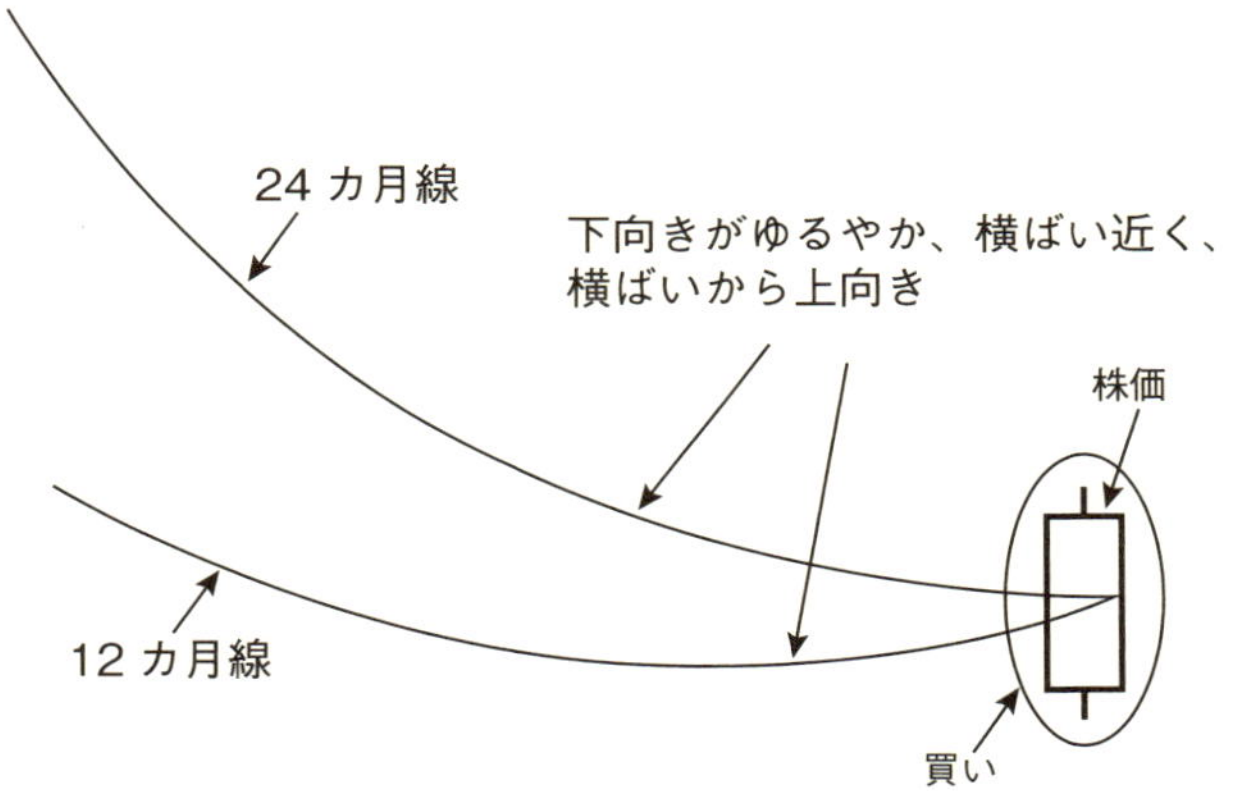

いから、二重にかけるのと同じようなものです。

ここでの2つ目のカギは「12カ月移動平均線」です。理屈や考え方は、24カ月移動平均線と同じです。

「いったん上がり始めるとしばらくは上がる」

「いったん下がり始めるとしばらくは下がる」

12カ月移動平均線の場合にも24カ月移動平均線の場合と同じことが言えます。

そして、下に向いている移動平均線の角

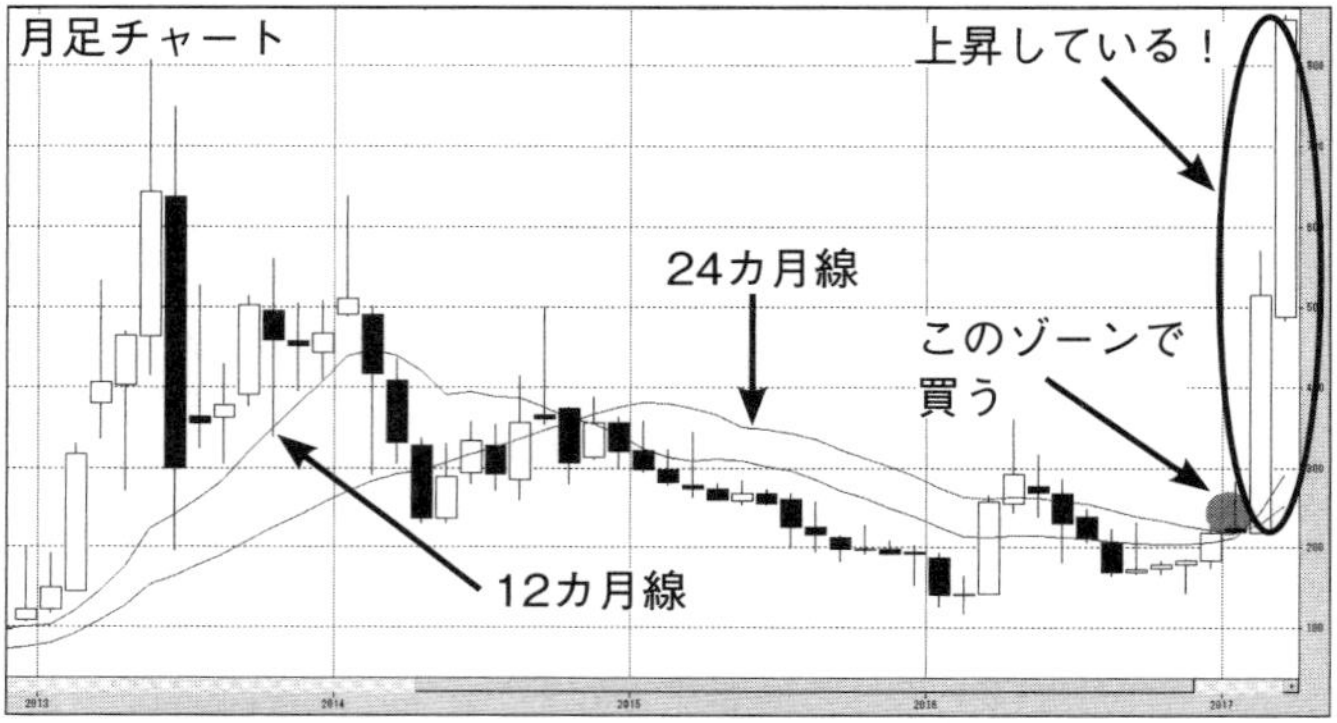

度がゆるやかになり、横ばい近くか横ばい、もしくは上向きになった近辺を株価が下から上に突き抜けたところが「買い場」というのも同じです。ただ残念ながら、だまされることがあるというのも同様です。

ですが、ここからが「二重ロック」のお話です。これらの2種類の移動平均線を重ねてみてください。

ここが大切な冨田流ポイントです。

「離れていた両方の移動平均線が下向きの状態から下向きの角度がゆるやか

になりながら離れていた線どうしが接近し、横ばいもしくは横ばい上向きになるあたりを株価が上に抜けたらその後は上がる」

確かめてみましょう。

右の図を見てください。

「両方を抜けたら上がる」これで、「ダマシ」にあう確率はかなり減ってきます。期間の違う2つの移動平均線を重ねることでだまされにくくなるのです。

STEP4　「買い場」を見つけたら行う　たった一つのこと

買い場を見つけたら、注文画面で注文を入れます。

次ページの図を見てください。

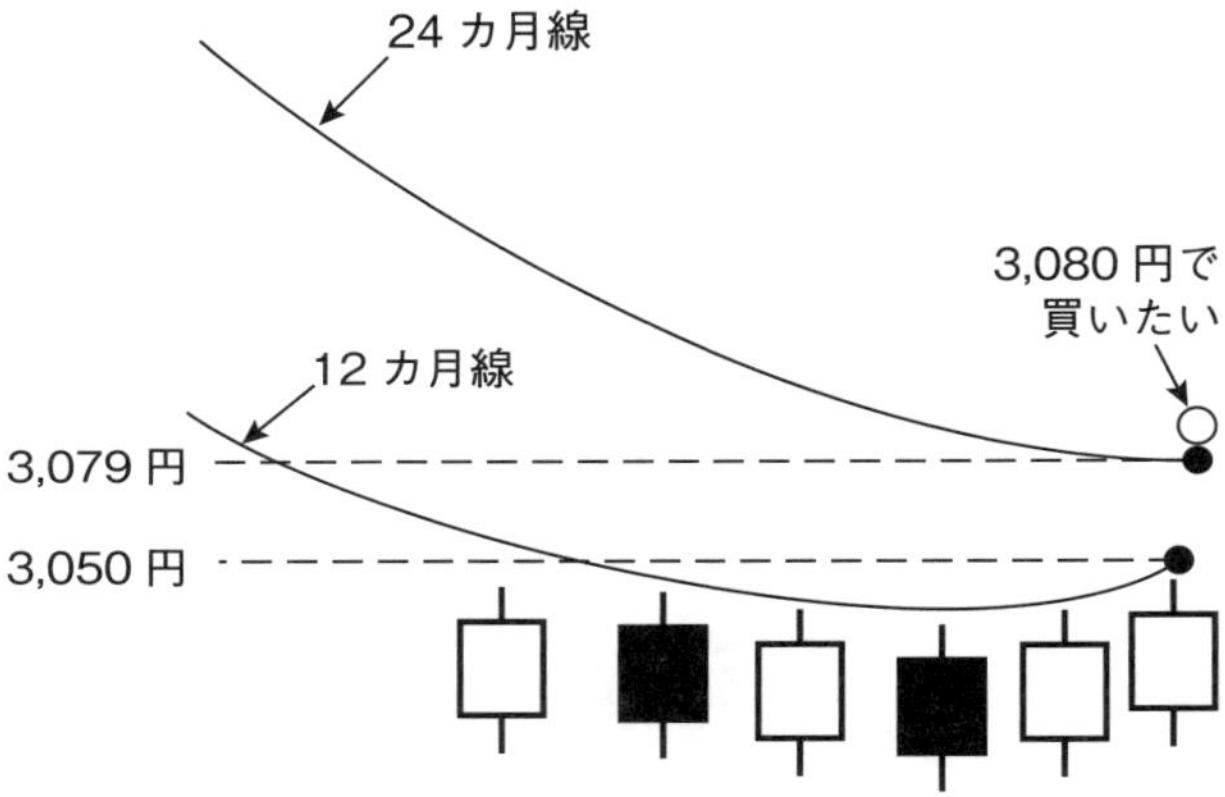

たとえば、24カ月移動平均線の値が3079円で12カ月移動平均線の値が3050円だったとします。この形は、冨田流では「この二つの移動平均線を上に抜けると上がる」パターンを示しています。

その時、以下のように考えて注文を入れていきます。

・株価が2つの移動平均線を上に抜けたら買いたい。

⬇　つまり「これは、逆指値買い注文だ！」

・買い注文の画面で、２つの移動平均線のうち高い方の平均値の一円上に逆指値注文を入れます。

⬇　株価が「３０８０円」「以上」になったら、「指値３０８０円」と注文を入れる。

これで、あなたは2つの移動平均線を上に抜けたら、抜けたところで買うことができます。ここでの逆指値注文で注意すべき点は絶対に指値買いを入れるということです。成行買いをしてはいけません。成行買いを入れてしまうと、条件に達した瞬間（３０８０円以上になった瞬間）に急騰した場合や、市場が始まった時の始値が３０８０円をはるかに超え高くなった場合に、当初に思っていたところより高い価格で買ってしまうことがあるからです。

ただ、どうしてもこの株を買いたいという場合には逆指値注文の条件に達した時の指値を３０８０円ではなく、３０８１円〜３０９０円などのように指値を少し上に入れて、上限に幅を持たせると良いでしょう

実際の注文画面でシミュレーションしよう

これはマネックス証券の画面です。

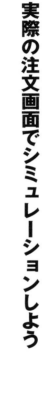

逆指値注文で株を買う場合

1.マネックス証券にログインをします

2.株式取引をクリックする

3.銘柄コードに証券番号を入力し、
　買い注文をクリックします

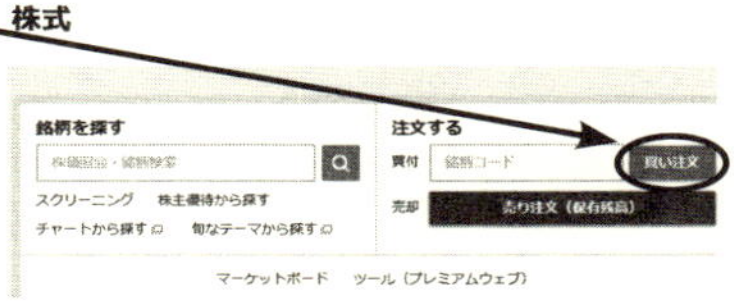

4.条件付注文をクリックする

5.株数を入力、逆指値をクリック、
　注文を入力する

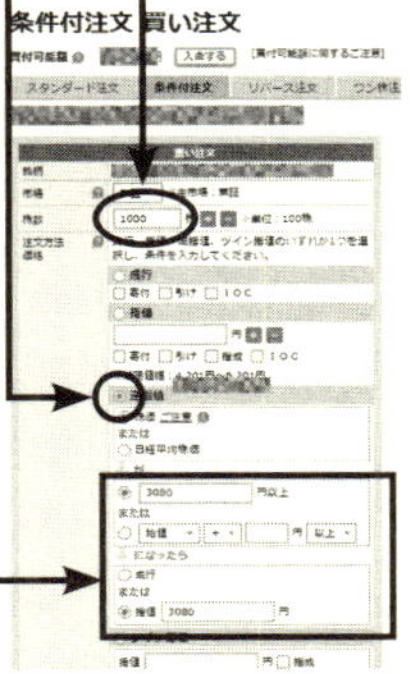

この場合の逆指値注文は、
株価が3080円以上になったら
指値3080円で買うという注文

6.画面下に行き、次へ（注文内容確
　認）をクリックする

7.注文を確認、間違えがなければ、
　（実行する）をクリックする

（出所）マネックス証券ウェブサイトより
（2017年11月末時点の画面イメージ）

STEP5 「大損をしたくない」ロスカットラインを決めよう

次に大事なのは、注文が成立して買えた場合のロスカット（損切り）注文の設定です。

「2つの移動平均線を株価が上に抜けたら買う」というルールで買い場を探して注文を入れて無事に買えたのに、予測に反してその後下がってしまった場合はどうすればいいのでしょうか?正解は「ロスカット」です。つまり、損切り。「そのうち戻ってくるかもしれない」なんて思い、長期戦に持ち込んだり、「今売ったら確実に損失が出ちゃうしなぁ」「もう少し売るのをがまんしよう」なんて足踏みしたりしないで、「今回の自分の買い判断は間違っていた」ということを潔く認めて損が少ないうちに撤退してしまいましょう。もしまた反転することがあったら、その時に買い直せばいいのです。一定ラインを下回ったらさっさと売ってロスカット！これが自分トレ信における大切なルールです。そこで出る小さい損失のことは気にしない。「自分の予測が当たらなかったんだから仕方ないな」と諦めてください。

では、「買いの判断が間違っていた」という判断をどこの時点ですればいいのでしょうか？

それは、「2つの移動平均線を株価が上に抜けた時」が買いサインだったので、基本的にはその逆で「2つの移動平均線を株価が下に抜けた時」ということになります。

ロスカット注文は2つの移動平均線のうち、下にある方の値の下の価格で入れます。たとえば、2つの移動平均線の下の方の値が3020円とします。

その場合は、売り注文の画面で、

株価が「3019円」「以下」になったら、「成行」となります。

２つの移動平均線のうち下の方の平均値の一円下に逆指値注文を入れます。そしてその時は買いの時にしたような指値ではなく、成行注文を入れます。こうすることによって２つの移動平均線を下に抜けたところで強制的に売ることができます。ここで注意すべき点ですが、絶対に成行きを入れてください。指値売りはしないようにしてください。指値売りにしますと、条件に達した瞬間（３０１９円以下になった瞬間）に急落した場合や、逆指値の価格よりも始値が安く始まった場合はロスカットが出来ずに売れ残ってしまうことがあるからです。

買い注文が成立したと同時にこのロスカットの注文まで自動的に入れることができるのであれば、買い注文成立後にロスカット注文を入れそこなう心配がなく安心なのですが、これについてはできる証券会社とできない証券会社がありま す。できる証券会社のひとつとしてはマネックス証券があげられます。マネックス証券では、買い注文が成立したら、自動的に売り注文も出せる注文のことを「リバース注文」と呼んでいます。この注文を使えば買い注文が成立する前から前もってロスカットの注文を入れることができます。

GOAL！　リバース注文ができれば、あなたもトレードの達人！

最後にマスターしてほしい究極の注文方法が「リバース注文」です。この注文では次のような注文を同時に入れることができます。

たとえば
Ⓐ「逆指値501円以上になったら、501円で指値買い」
Ⓐの注文が成立すれば、
Ⓑ「600円指値売り、または、480円以下になったら成行売り」
の注文が入力される

※Ⓐの注文が成立しなければ、
Ⓑの注文は入力されない。

だんだん難しくなってきましたが、ここをしっかりマスターするためには前章で学んだ「以上」「以下」で買う売るなどの正確な理解と考え方が必要になります。自信がない人はもう一度復習しておいてください。

ではリバース注文の実際の注文画面を見てみましょう！

次ページを見てください。

このように、リバース注文を使えば、買い注文が成立する前からあらかじめロスカットの注文を設定することができ、取引時間中（9：00〜11：30　12：30〜15：00）に買い注文が成立したとしても、買い注文成立を確認してから、わざわざロスカットの注文を入れる必要がなくなります。これにより、取引時間中にロスカットの注文を入れる手間が省け、忙しい人でもしっかりリスク管理が出来ることになります。

買い注文と同時に売り注文も出す方法（リバース注文）

1.マネックス証券にログインをします

2.銘柄コードを入力し、
買い注文をクリックする

3.スタンダード注文　買い注文画面が表示される。
リバース注文をクリックする

4.親注文に株数を入力、
逆指値をクリック、
注文を入力する

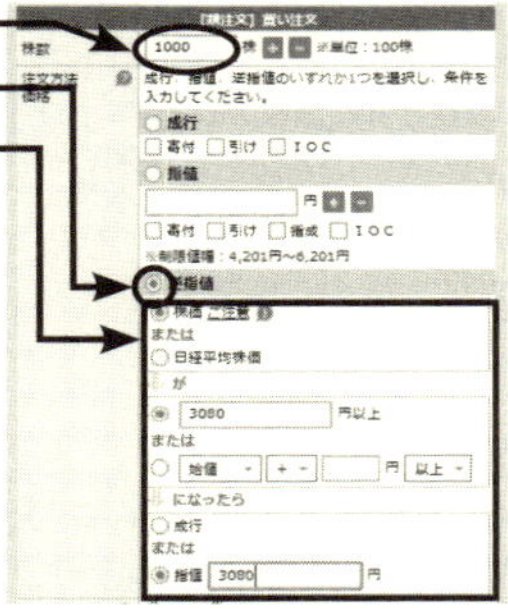

この場合の逆指値買い注文は、
株価が3080円以上になったら
指値3080円という注文

（出所）マネックス証券ウェブサイトより
（2017年11月末時点の画面イメージ）

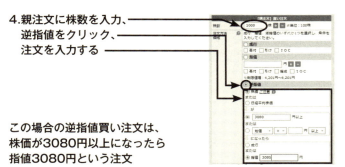

5.子注文に株数を入力、
ツイン指値をクリック、
注文を入力する

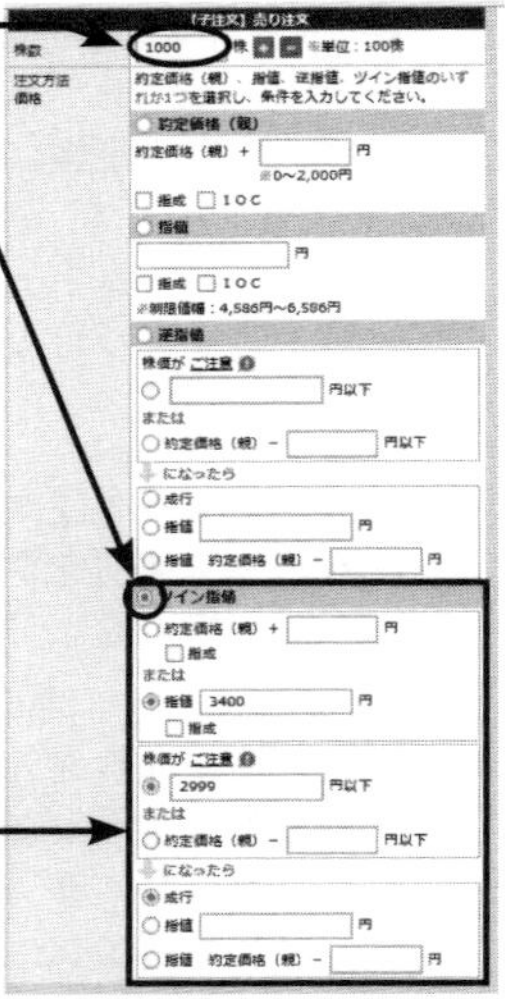

この場合のツイン指値の売り注文は、指値3400円　(3400円以上になれば売る) 2999円以下になれば成行という注文になる（ロスカット）

（出所）マネックス証券ウェブサイトより
（2017年11月末時点の画面イメージ）

7.画面下に行き、次へ（注文内容確認）をクリックする
8.注文を確認、間違えがなければ、（実行する）をクリックする

リバース注文を使うことによって、親注文の買いが成立した場合に、子注文の売り目標の指値注文とロスカットの逆指値注文が発注される（親注文の買いが成立しなければ、子注文の売り目標の指値注文とロスカットの逆指値注文は発注されない）

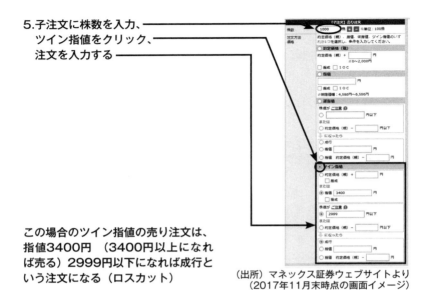

ドリル　トレードデビューする前に徹底的に練習だ！

では、実際のチャートを使って売買ができるかどうかシミュレーションしてみましょう。

これがマスターできれば、いよいよ実際のトレードデビューです！

次ページのチャートを見てください。

問題です。

このチャートを２０１２年11月の末頃見つけました。良いチャート（上がる可能性のあるパターンの形のチャート）なので買いたいと思うのですが、どのような理由でどう買っていけばいいのでしょうか？

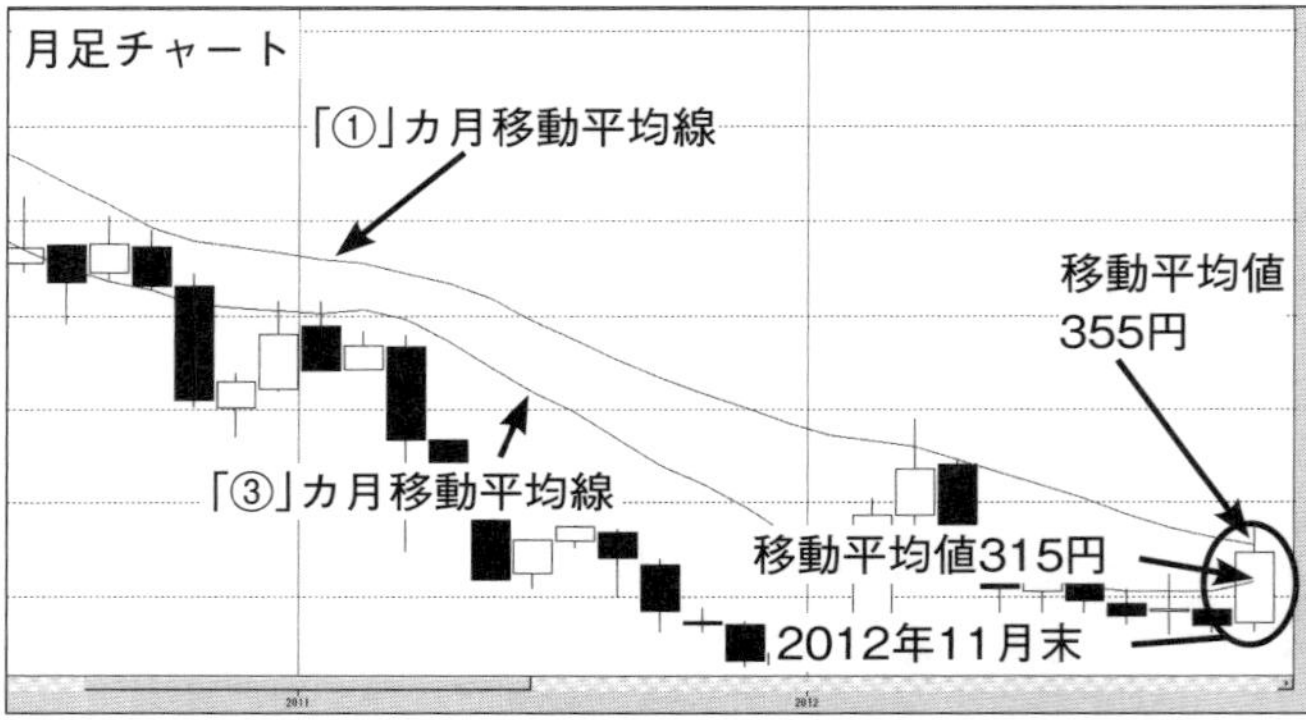

左記の空欄を埋めてください。（また選択肢の場合は選択してください）

上記チャートには12カ月移動平均線と24カ月移動平均線が記載されていますが、上にある「①」カ月移動平均線の下向きの角度が「②」になり、かつ、下にある「③」カ月移動平均線が「④」近くもしくは「⑤」から上に向いてきたところで株価が「⑥」カ月移動平均線を上に抜けようとしています。

この時に「⑦」カ月移動平均線の上に逆指値注文を入れます。

たとえば、この場合の「⑧」カ月移動

平均線の価格が355円で、「⑨」ヵ月移動平均線の価格が315円とします。
そうすると、この時の買い注文と買いが成立した時のロスカット注文は、
このようになります。

・株価が「⑩」円「⑪以上ｏｒ以下」になったら、「⑫」「⑬」円
右記注文が成立すれば
売り逆指値「⑭」円「⑮以上ｏｒ以下」になったら、「⑯成行ｏｒ指値
（314円）」

（答え）
①「24」②「緩やか」③「12」④「横ばい」⑤「横ばい」⑥「24」
⑦「24」⑧「24」⑨「12」⑩「356」⑪「以上」⑫「指値」⑬「356」
⑭「314」⑮「以下」⑯「成行」

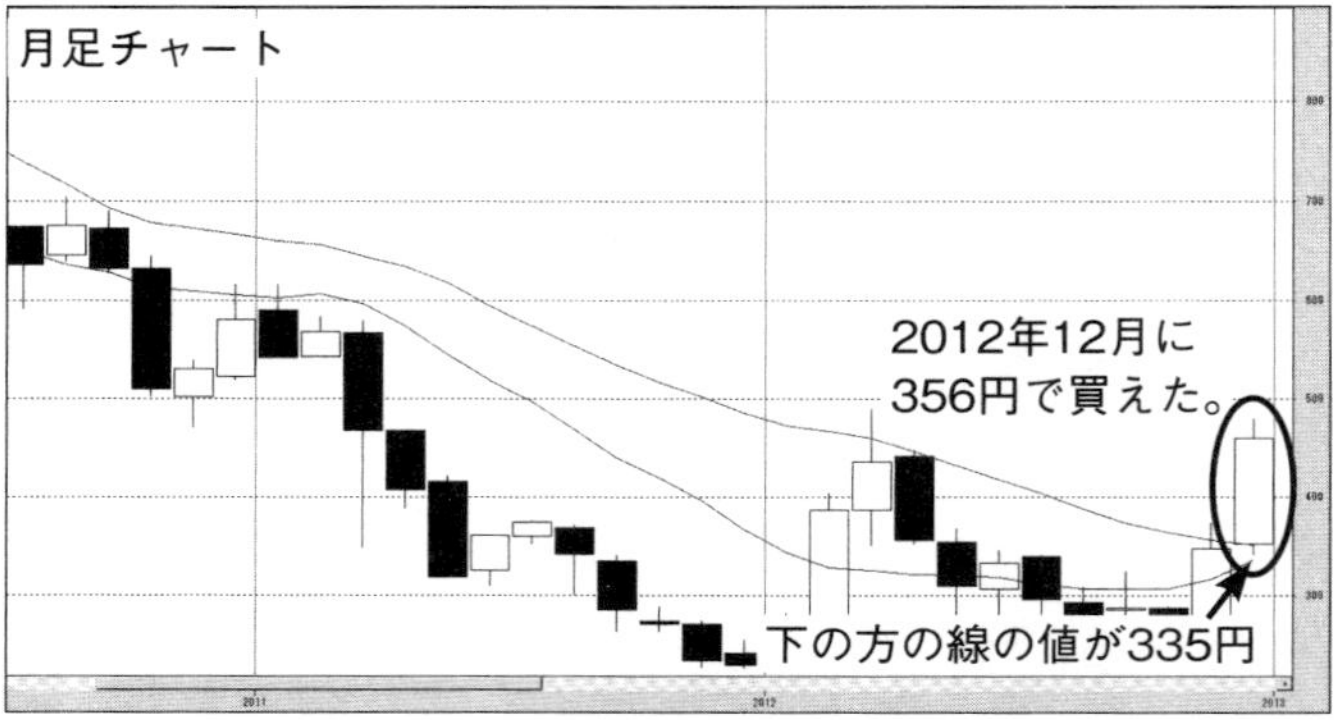

翌月の12月に、356円以上になり、この注文が成立しました。

12月となり月が変わりましたので、移動平均線の位置が変わりました。そこで、売りの逆指値注文の位置を変化させます。

「12」カ月線と「24」カ月線の下の方である「①」カ月移動平均線の価格が335円だったとします。その時の売り注文は

・株価が「②」円「③以上ｏｒ以下」になったら、「④成行ｏｒ指値（334円）」

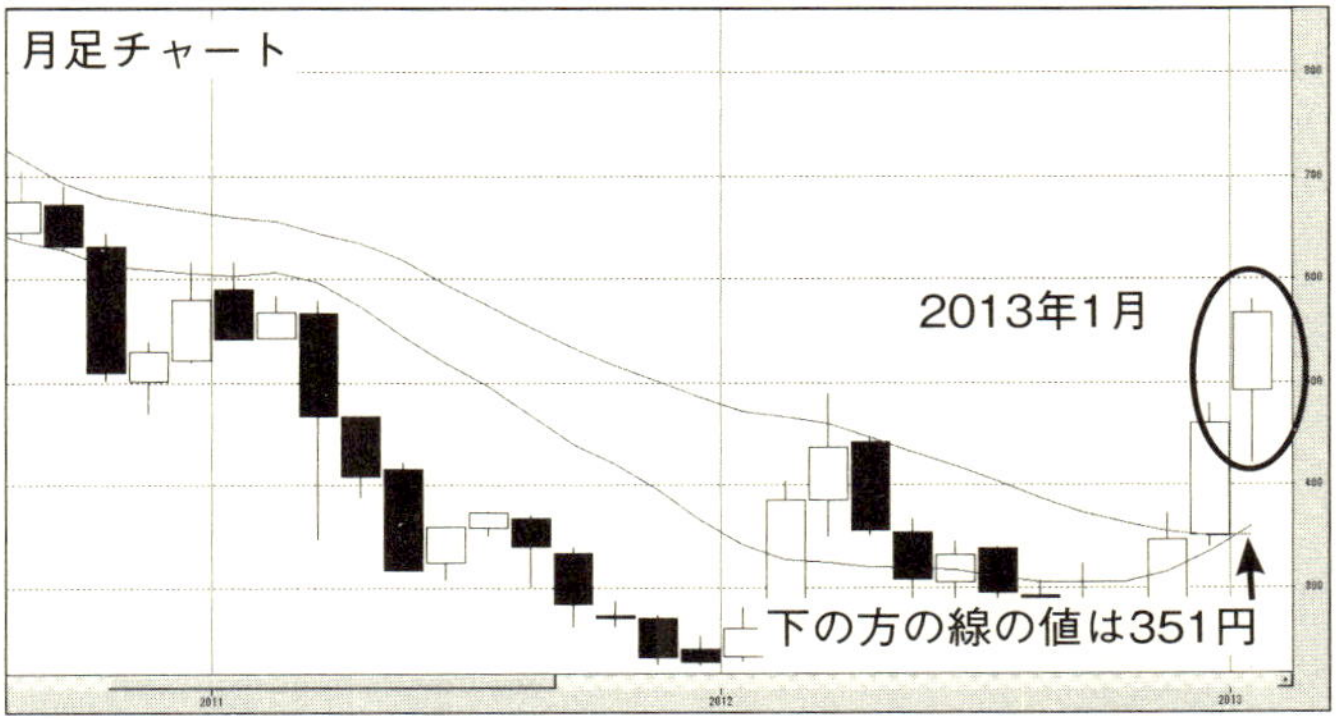

となります。

（答え）

①「12」②「334」③「以下」④「成行」

翌月の2013年1月、ロスカットにならず株価が順調に上がってきました。「①」カ月移動平均線より「②」カ月移動平均線の方が上にあります。

そこで注文を変更します。

12ヵ月線と24カ月線のうち、下の線は「③」カ月線なので、その下にロスカット注文を入れます。

「④」カ月線が351円とすると、「⑤」円「⑥以上ｏｒ以下」になったら「⑦成行ｏｒ指値（350円）」で売るという注文を入れます。

そうやって、毎月毎月逆指値売りの注文を入れ替えていきます。（厳密に言えば、この平均線の値は日々変動しますが、本書では考慮しないものとします）

（答え）

①「24」②「12」③「24」④「24」⑤「350」⑥「以下」⑦「成行」

2013年2月になりました。この月も同じように24カ月移動平均線の下に売りの逆指値注文を入れていきます。

この時の逆指値注文ですが、「①」注文ではなく、必ず「②」注文にしておきます。

そうすることによって、24カ月移動平均線を下回った時に、必ず売れることになります。

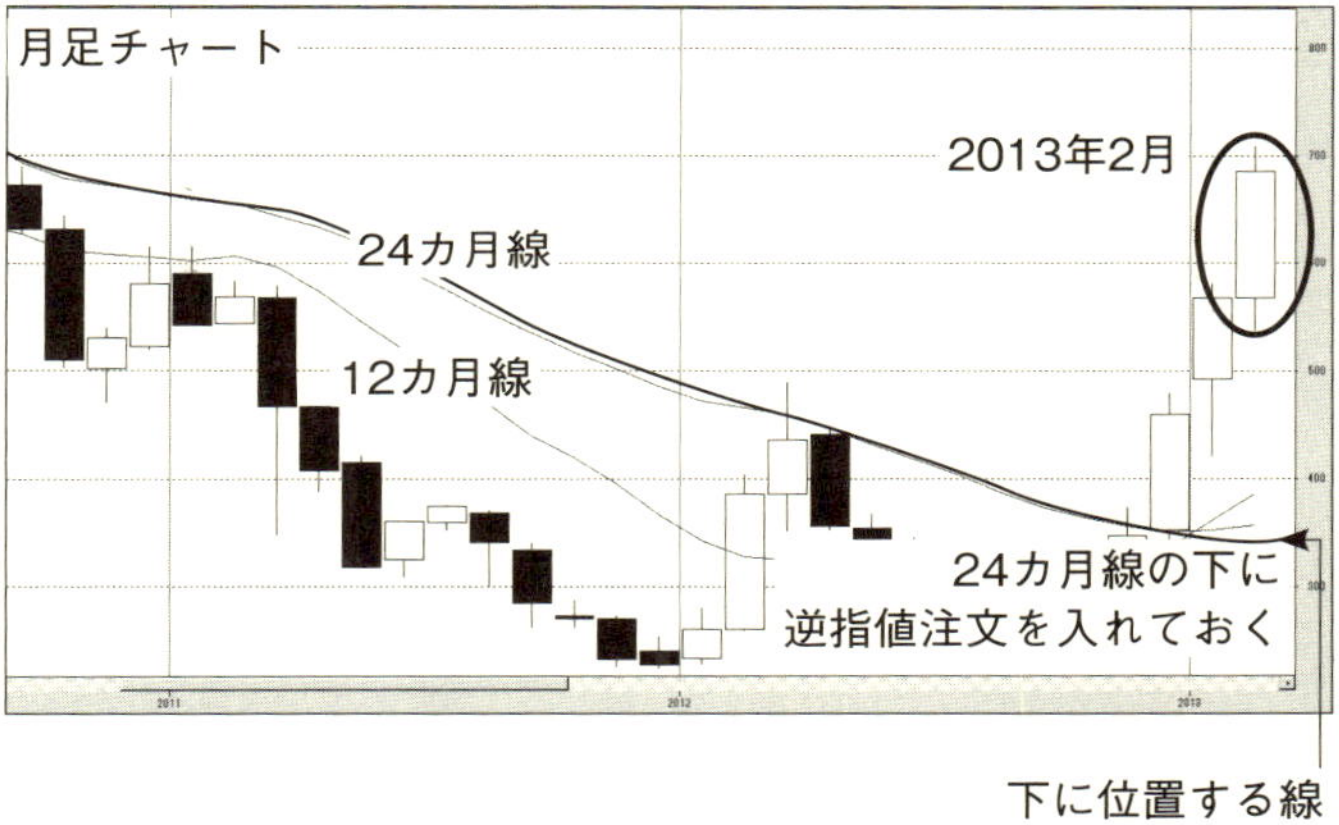

（答え）
①「指値」②「成行」

これを毎月続けていき、「①」カ月移動平均線を下回るまで保持するようにします。

（答え）
①「24」

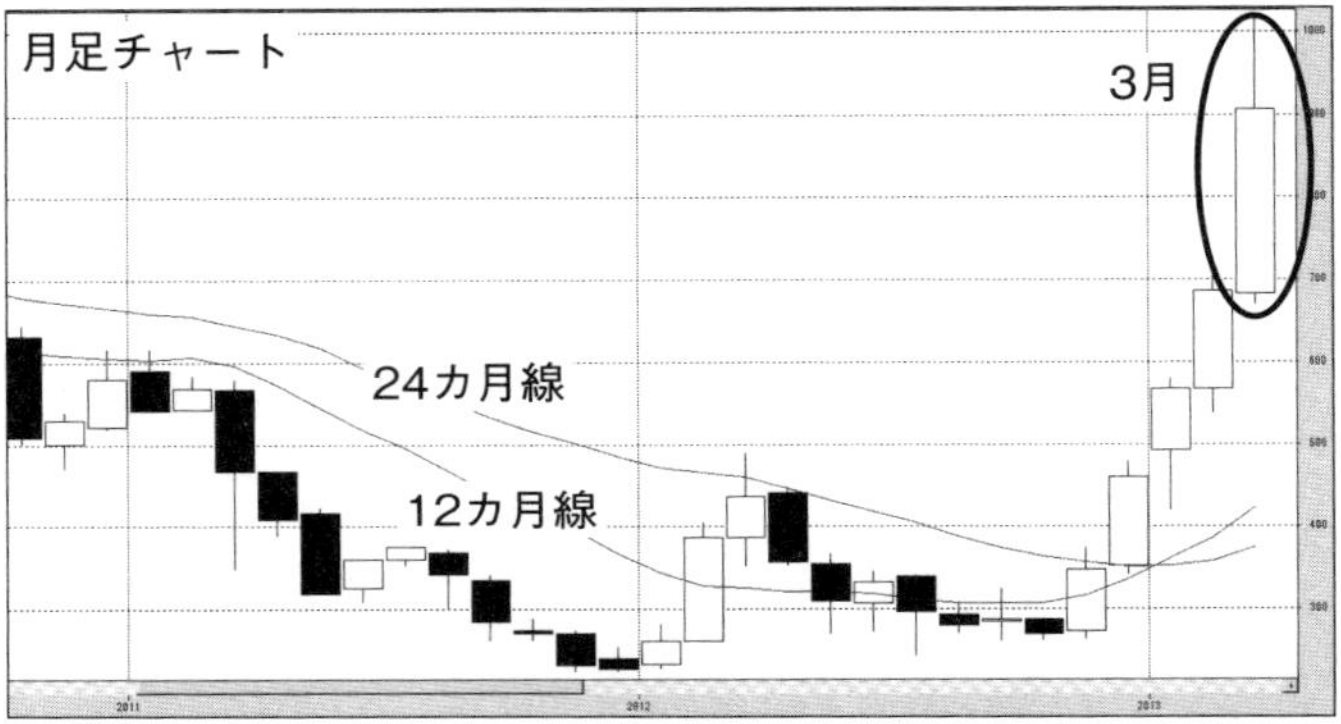
月足チャート
3月
24カ月線
12カ月線

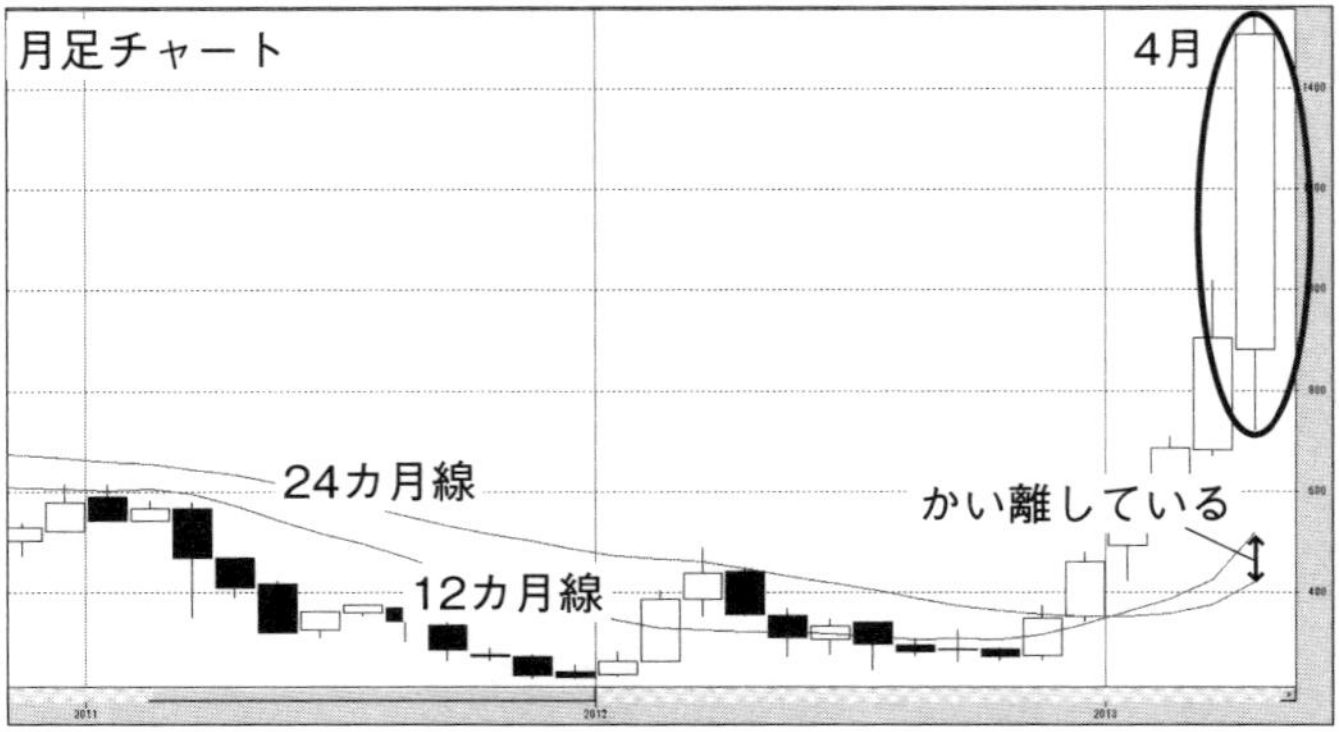
月足チャート
4月
24カ月線
12カ月線
かい離している

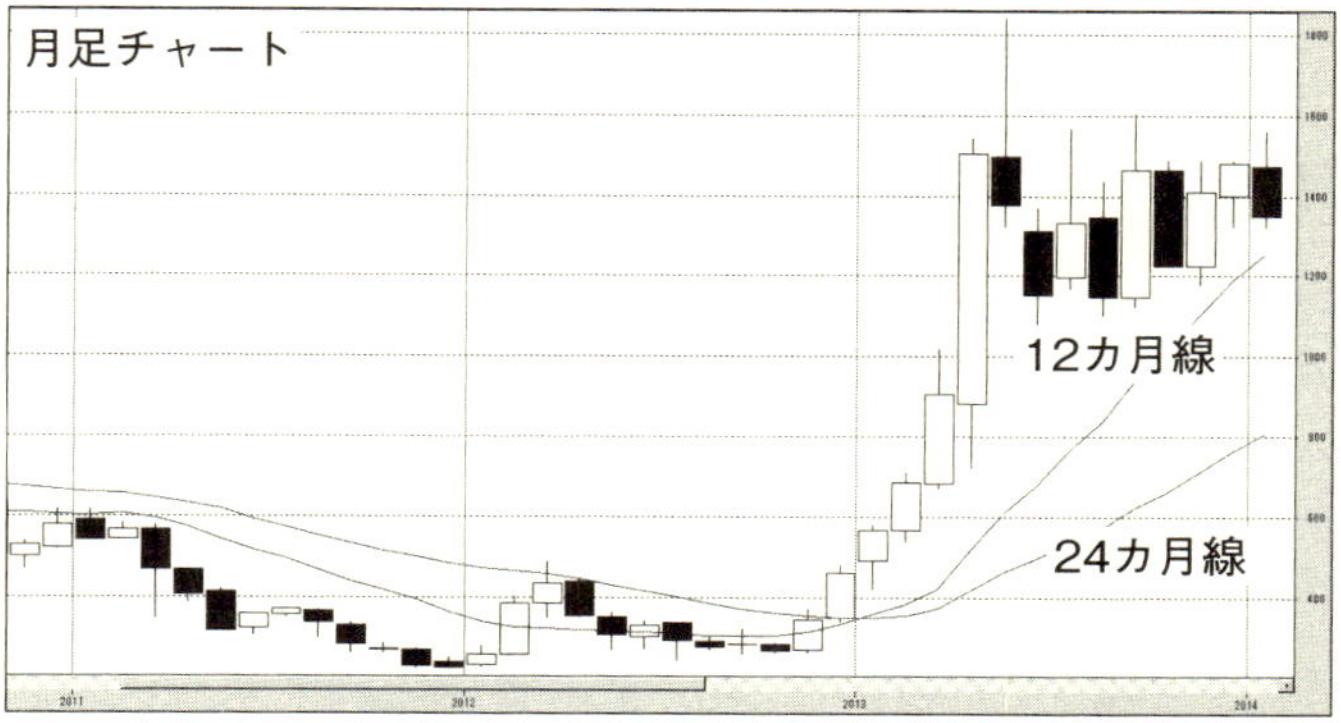

こうして、上昇してくれば、12カ月移動平均線と24カ月移動平均線が徐々にかい離（移動平均線どうしが離れること）していきます。

この時、このまま「24カ月移動平均線を下回ったら売り」という設定でも良いのですが、せっかく大きく上がってきたのだから、まずは確実に利益を確保したいと思います。逆指値の位置を変更しましょう。

利益確定のポイントを「①」カ月移動平均線の下に変更です。この後は、常に「②」カ月移動平均線の下に逆指値注文を入れておきます。

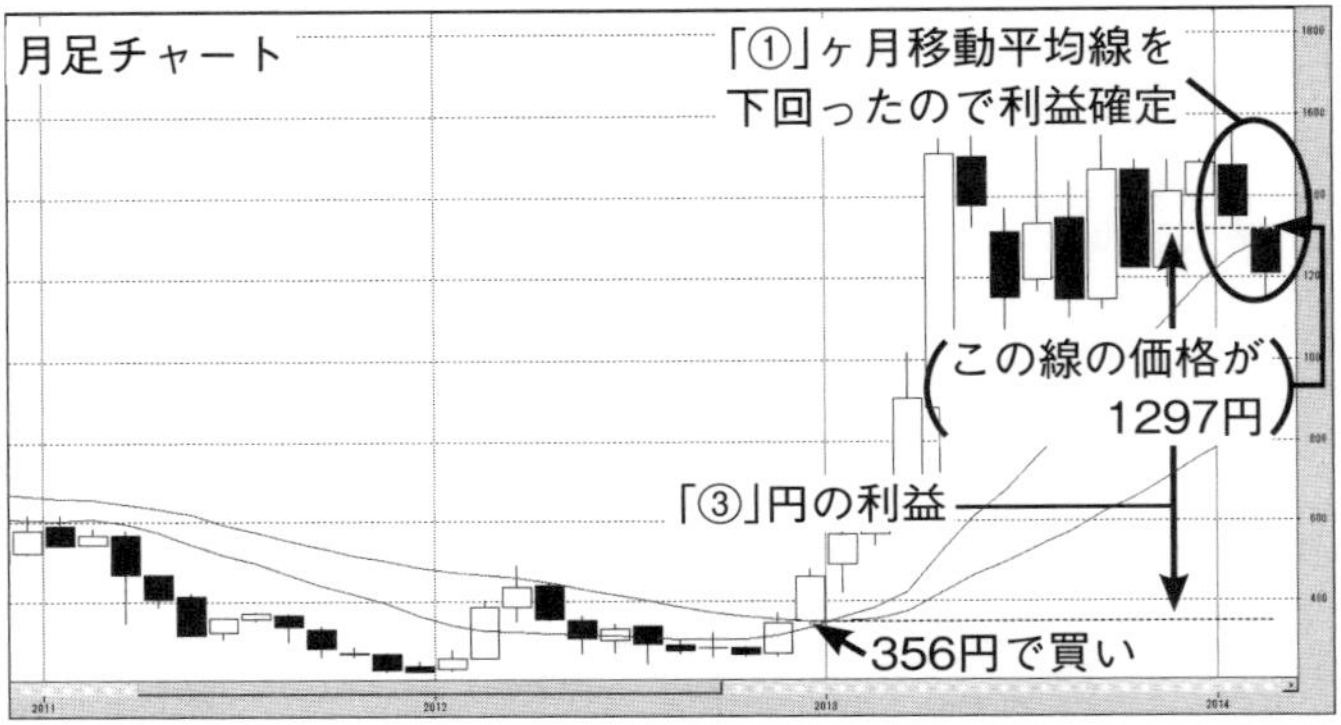

（答え）

①「12」②「12」

もちろん、利益確定を「①」カ月移動平均線の下のままでもOKです。

どちらの平均線が良いのかは一長一短があります。「②」カ月線の場合は利益確定が早くなり、株価が上昇後すぐに下がったとしても確実に利益を得ることができる一方で、ずっと「③」カ月線を下回らず、ぐんぐん上昇していけば大きな利益が取れることもあり、その大きな利益を取りそこなう可能性があります。

（答え）

①「24」②「12」③「24」

右の図を見てください。

「①」ヵ月移動平均線を下回ったので利益確定になります。「②」カ月移動平均線が１２９７円だとすると、うまくいけば１２９６円近辺で売れたことになります（売りは成行なので、実際はいくらで売れるかわからない）。買値が３５６円でしたので、「③」円の利益になります。たとえばこれを28株買っていたとすると、「④」円のトレード資金が「⑤」円に増えたことになり、「⑥」円お金を稼いだことになります。

（答え）

①「12」②「12」③「940」④「9968」⑤「36288」⑥「26320」

かりにこの株を１０００株買っていれば３５６，０００円が１，２９６，０００円に！１００００株買っていれば３，５６０，０００円が１２，９６０，０００円

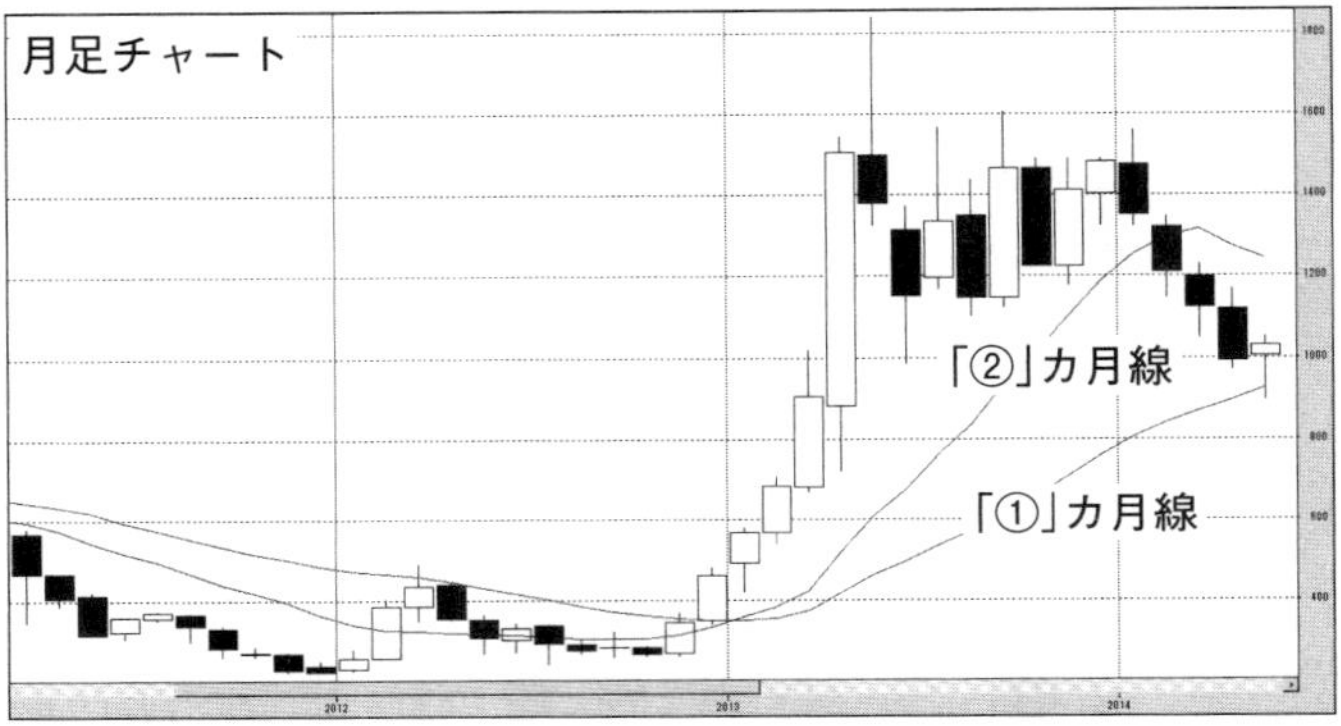

に！なっていたということですね。

上の図を見てください。

仮に「①」カ月線で利益確定したとすると、今回は「②」カ月線の場合より利益が少なくなってしまいました。

（答え）

①「24」②「12」

次ページの図を見てください。

これも先ほどのチャートと同様に２つの移動平均線の「①上ｏｒ下」の方である24カ月移動平均線の上に買いの逆指値

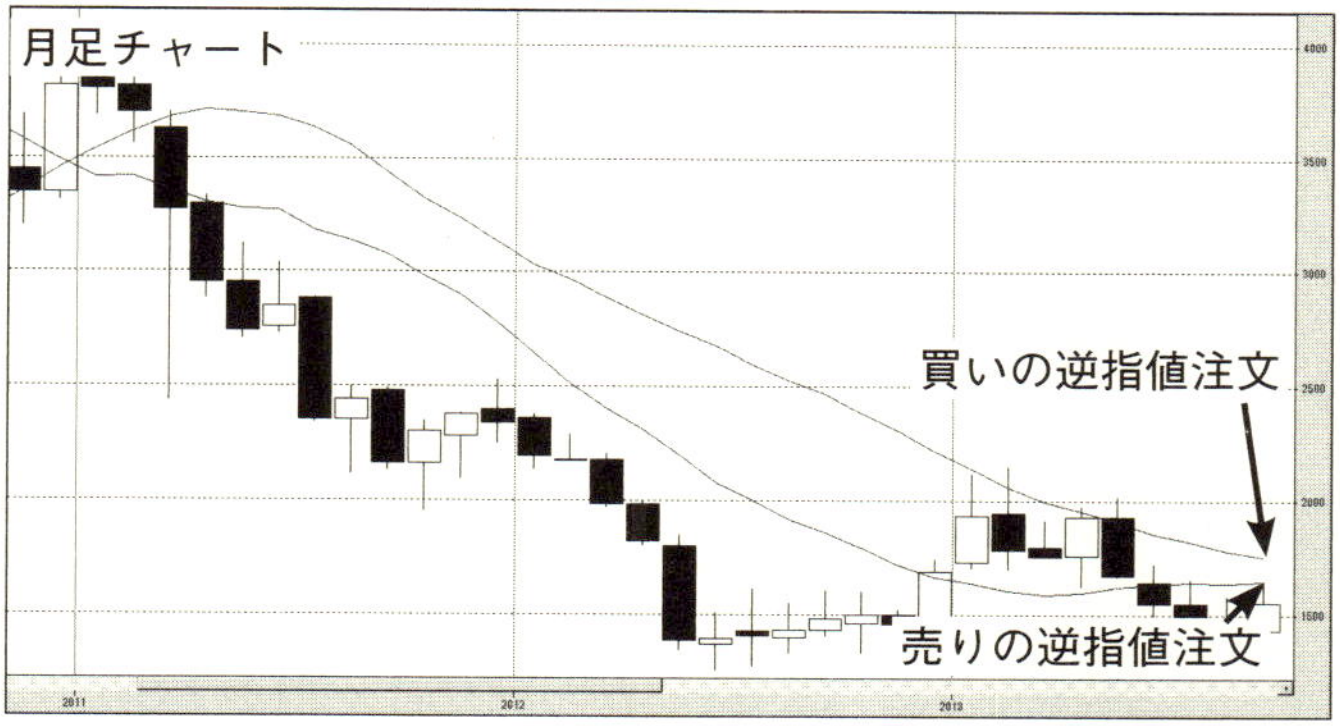

注文を入れ、かつ「②上ｏｒ下」の方である12カ月移動平均線の下に売りの逆指値注文を入れます。

（答え）
①「上」②「下」

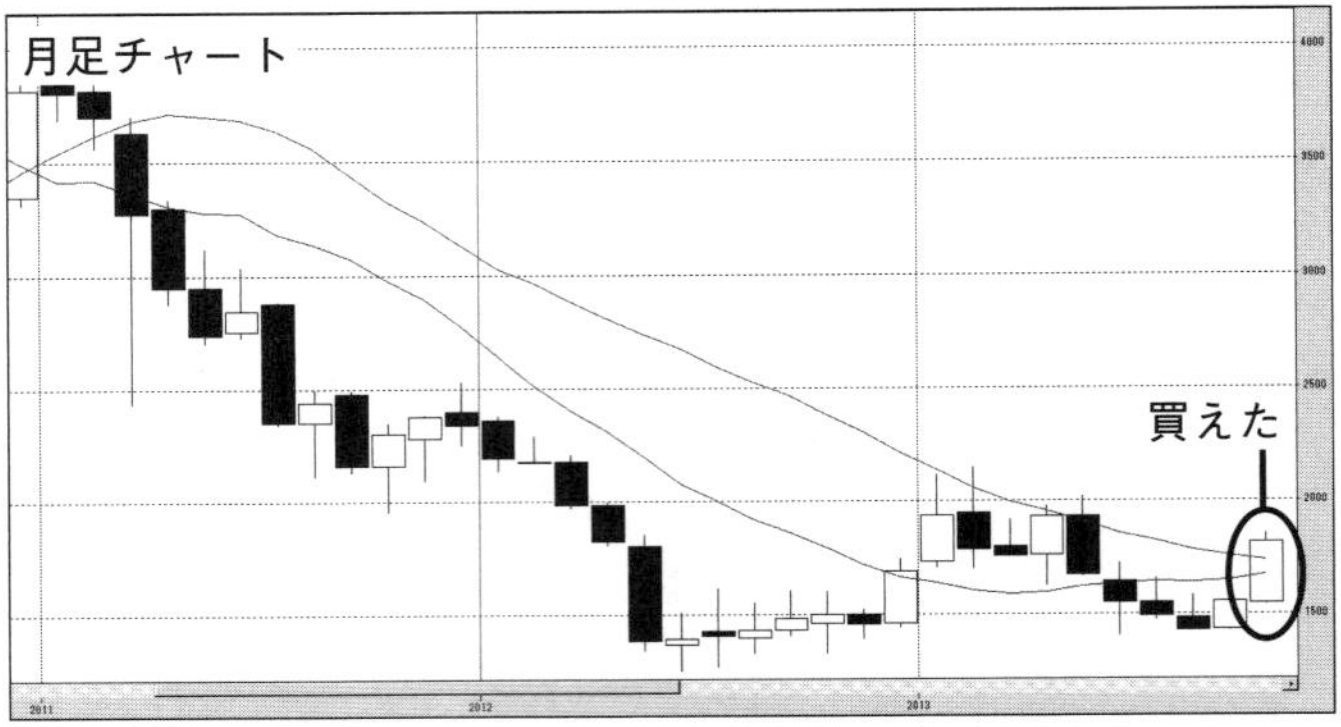
月足チャート
買えた

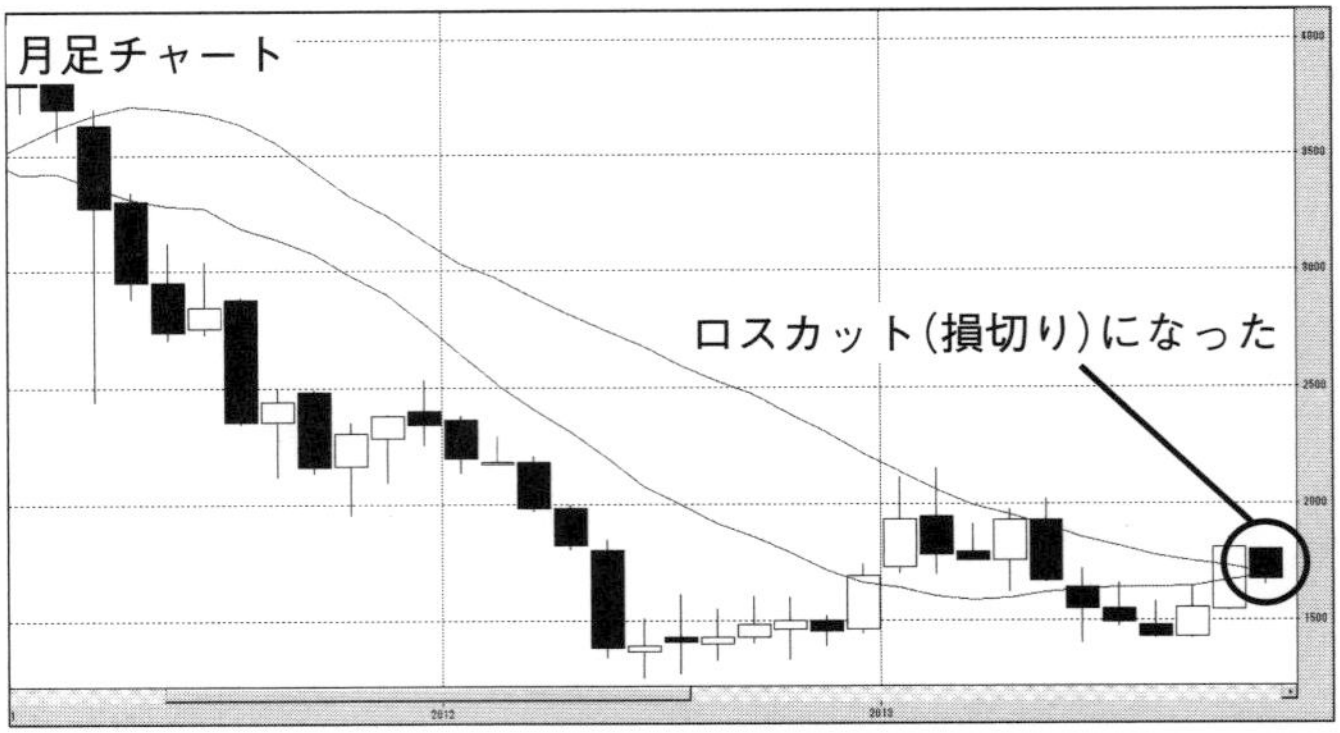
月足チャート
ロスカット(損切り)になった

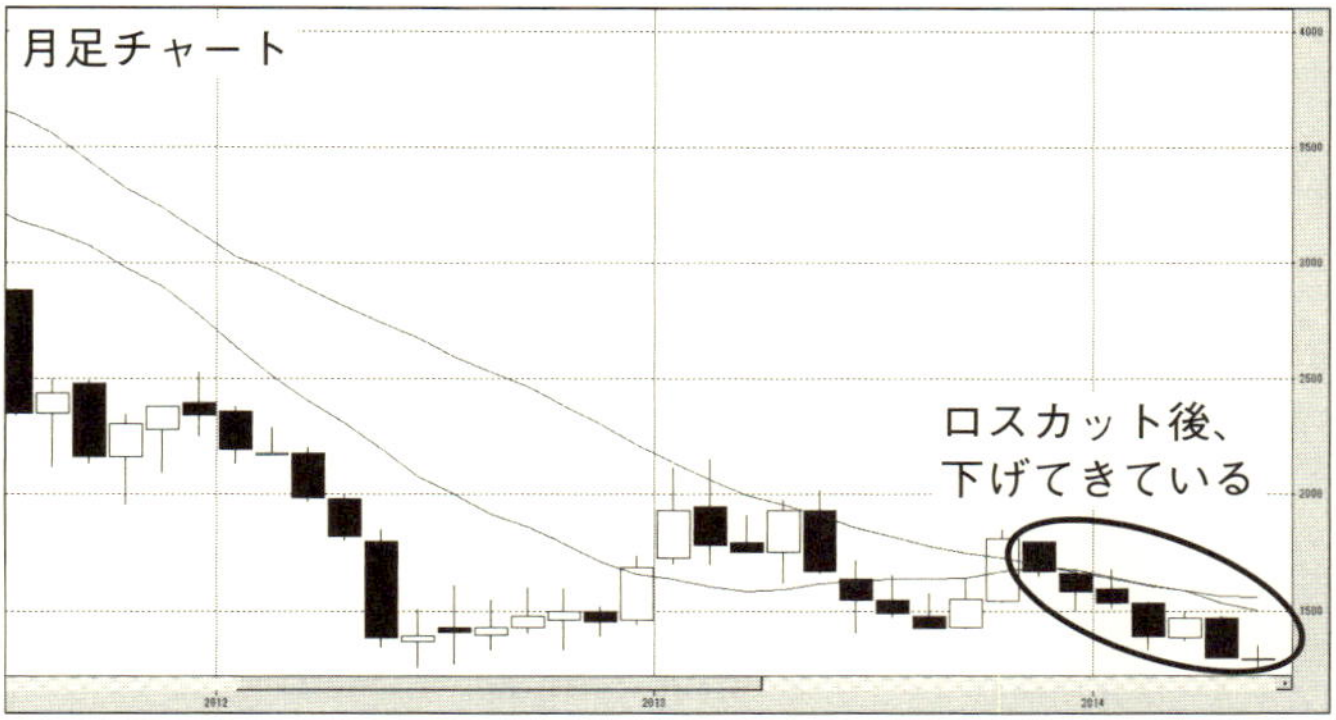

両方の移動平均線を上に抜け、買い注文が成立しました（右図の上）。

翌月、「①上ｏｒ下」の方の移動平均線を下回ったので、ロスカット（損切り）になりました（右図の下）。

（答え）

①「下」

その後下げましたね！ちゃんとロスカットしておいてよかったです。もし、ロスカットをしていなければ大損といったところでした（上図）。

今回、２つのトレードをして一勝一

敗の五分でした。でも、勝った時の利益が大きく、負けた時の損失が小さいのでこれでＯＫです。トレードでは勝率を高めることはもちろん大事ですが、このように、勝ちを大きくし、負けを小さくしていくことも大切です。このようにして、これらの作業を毎月ずっと続けていくのです。

一カ月に一回、一時間でＯＫ

はい。これがマスターできれば、もう完璧です。

一カ月の間にやることは、これで完了。次は一カ月後！それまでは頻繁にチャートを見る必要はありません。

翌月は、また別の銘柄（チャート）を探します。

また前月と同じように「買い場」を探して注文を入れましょう。
その翌月も、同じです。
買いについてはこの繰り返しになります。

ただ、すでに発注している逆指値買い注文がどうなったかの結果は確認する必要があります。また、その買い注文が成立している場合は、逆指値売り注文が発注されているかどうかを確認し、必要に応じて逆指値注文の値を変更しながら利益確定もしくはロスカットの設定をしなくてはなりません。

今回ご紹介している「自分トレ信」で大切なのは、毎月一定の金額で勝負していくということです。毎月同じ額で勝負！この章では毎月10000円で勝負！そしてその結果をひとつずつ出していくというのがここでの「自分トレ信」の基本ルールです。先日通りかかった繁華街の居酒屋の看板に「2000円握りしめてこい！」というような文句が書いてあって思わず笑ってしまったのですが、今回もそんなイメージで言うなら、「１００００円握りしめてこい！」という感じです。毎月一回、１００００円で勝負を行い、結果を蓄積していきましょう。

なぜ一回に同じ金額で勝負することを続けるのか？

「2つの移動平均線を上に抜けたら買い」という基本ルールに従って、買ったとしても、今やろうとしているこのトレードがうまくいくかどうかは、わかりません。その都度「実際にどうなるかはふたを開けてみないとわからない」としか言いようがありません。１度きりの勝負に１００％勝つということは、長年トレードの世界にいる私にも絶対できないことなのです。

ただし、回数を重ね、勝率となると話は別です。「10回勝負すればそのうち7回くらいは勝てる」「6回くらいは勝てる」というふうに、実力によってそれぞれの勝率というものはある程度正確に予測することができます。力がない人でも一発勝負なら勝てる可能性もなくはないけれど、長期戦になればなるほど勝てる可能性は少なくなっていきます。長期戦になって繰り返し戦う場合は力がない人ではなく力のある人が必ず勝利をおさめるはずです。

何が言いたいかと言いますと

「自分にとって有利な勝負は一回きりではなく回数を多くした方がいい」

ということです。

そして、

「その勝負する金額は毎回同額がいい」

ということです。

大きい金額の時に負けてしまい、小さい金額の時に勝つこともあり、勝率としては1勝1敗で五分であっても負けが大きくなってしまうことがあるからです。

何かの勝負事であなたの勝率がたとえば6割なら、10回勝負したほうが良いのです。

「10回勝負してはじめて6回勝てる」のです。

10回勝負しなかったらどうなるか？1回だと、勝つか負けるかの二つに一つとなり、負けたら終わりです。4回だと先に4回とも負けてしまうかもしれない。8回だと4回負けて4回勝つかもしれない。

そう、つまり、勝負数が少ないと自分の実力通りの結果が出にくいのです。

ということは、100回勝負したら60回勝てる可能性が高くなります。1000回なら600回勝てるかもしれない。回数を重ねることで、自分の実力通りの結果が出やすくなるのです。

今回自分トレ信を始める方には、一回二回やって「うまくいった」「うまくいかなかった」を論じるのではなく、一回1000円の勝負を毎月継続して何回も行ってもらいたいのです。そうすることで、利益が残っていくのです。

もっと言えば、投資の場合は最終的にお金が増えていればいいわけなので、たとえ勝率は低くても増えたお金が多ければ、それも成功なのです。

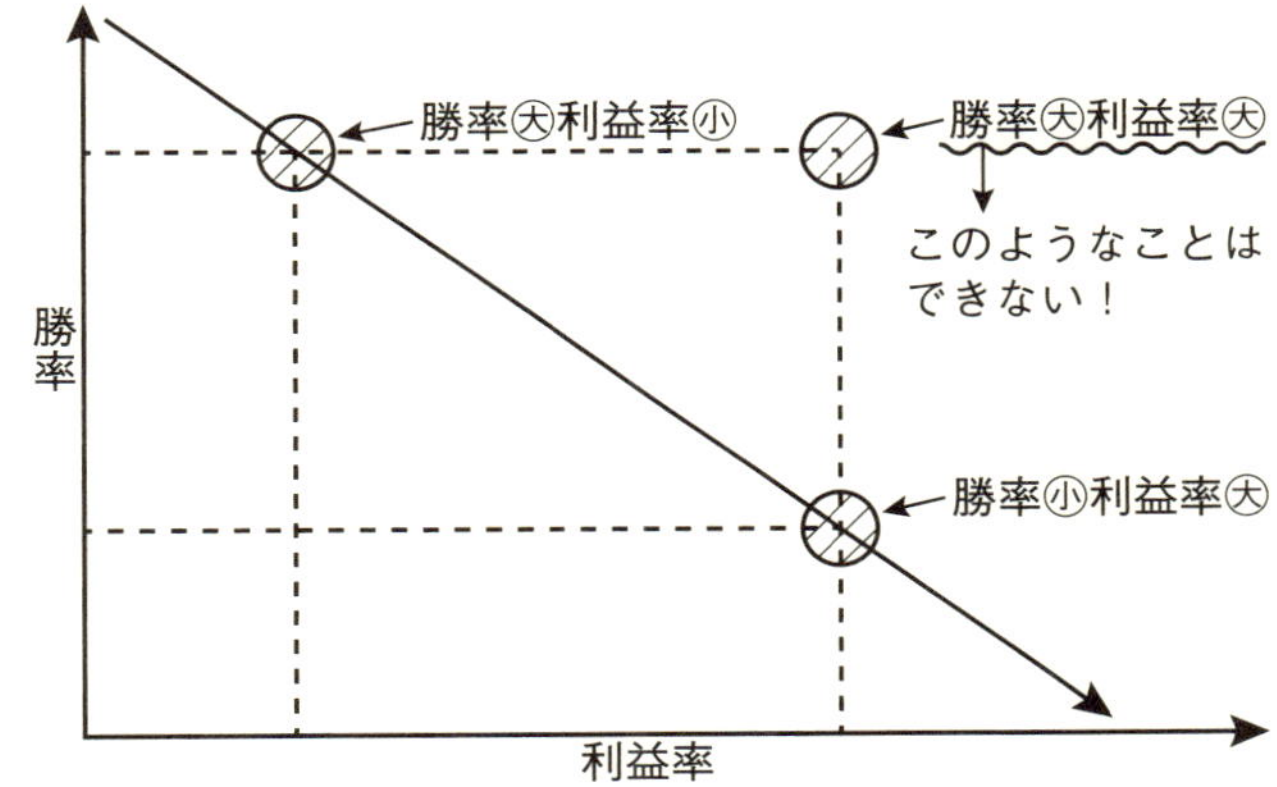

勝率と利益率の関係は上の図のようになっています。

結果として得るお金の量さえ増えれば、勝率ではなく利益率を上げる戦いに挑んでもいいのですが、それは俗にいう「一か八かの大勝負」の方向に寄って行きがちです。初心者の方は利益率を目指すよりも、まずは勝率を上げる方を目指したほうが良いのではと思います。負けがあまりに続くと精神的なダメージが大きくなるので、初心者は特に「勝ちを積み上げていく」ことを重視しましょう。

基本的な考え方としては、勝率5割以上を目指しながら、一回当たりのトレードの利益が損失を上回るようにやっていく。そして、一年間のトータル結果が、最悪でもトントンで減らなければいいというくらいの気持ちでいましょう。一回ごとの勝ち負けに一喜一憂しすぎないことが肝心です。

＊（コラム）10000円で買える株

インターネットの検索であれば

http://www.stockweather.co.jp/sw2/screening.aspx

こちらのサイトで銘柄スクリーニングができます。項目の投資金額のところを0円以上～10000円以下にし、検索すれば、今10000円で買える株が表示されます。

ただし、株式相場全体の状況によって、10000円で買える株が多い時期や少ない時期があります。

第4章

もっと上を目指そう！

もっと稼ぎたくなったときの2つの方法

ここまで説明してきたように、「10000円で月一回」という自分トレード信託の基本形から始めたトレードですが、一定期間続けた後に「もっとどんどんやりたい」「楽しい」「勝てる」と思えた場合は次のステップに進みましょう。

第三章のコラムで紹介したように、10000円以内で買える株はその時期によって、増えたり減ったりします。毎月10000円のトレードを続ける限りは、10000円以内で買える銘柄の選択肢の中でしか動くことができません。

もちろん、10000円で続けることはできます。ですが、金額を20000円、50000円、100000円と増やすことで選択肢の数はぐんと増えます。

頻度（横軸）なのか、金額（縦軸）なのか、それともその両方なのか、いずれ

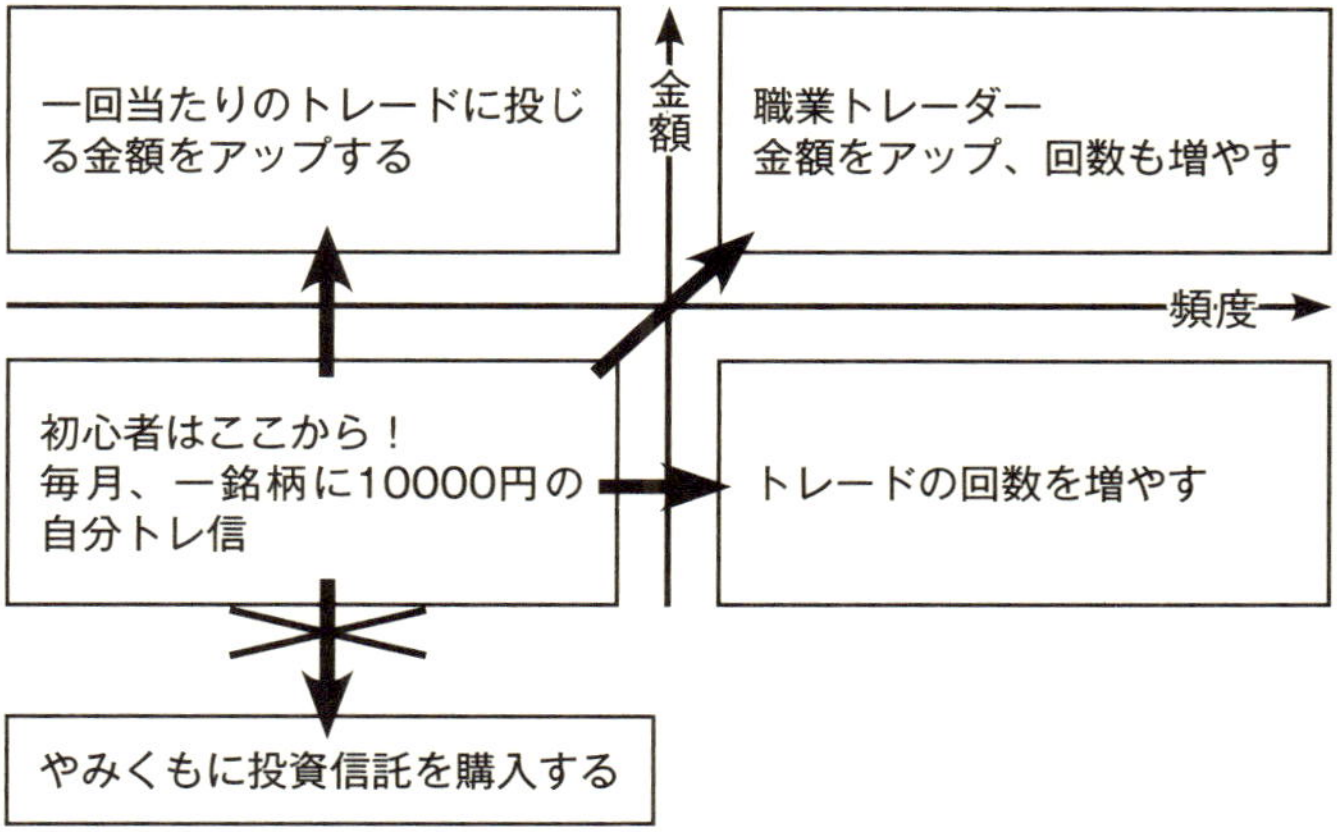

かの方向にぜひ進んでほしいと思います。基本だけで終わるにはあまりにももったいない。トレードは本当に面白くて夢がいっぱいの世界なのです。

頻度を上げることのメリットとして次のようなことが挙げられます。

・少ない金額でも売買を繰り返すことによって回転が効き、資金効率が良い。
・勝負できる銘柄数が増える。
・トレード機会が増える。

一方金額を上げることによるメリットは次の通りです。

・良いトレードを続ければ利益が大きくなる。
・勝負できる銘柄数が増える。
・トレード機会が増える。

ここで、自分がどのタイプのトレードに進むべきか、簡単な診断テストを行います。

タイプ別診断　自分のトレード傾向は？

次の質問に○×で答えてください。

質問1

・生活資金以外にまとまったお金がある
・無くなってもいいお金がある
・投資用の資金を持っている、もしくは現在株や投資信託を保有している
・毎月一定額貯蓄している、もしくは貯蓄できる

質問2
・毎日暇だ
・トレードに費やす時間が一日に3時間以上ある
・トレードに費やす時間が一週間に3時間以上ある
・トレードに費やす時間が一カ月に3時間以上ある

質問3
・頻繁に株価チャートを観るのが好き
・ゲームが得意（テレビゲーム・カードゲーム・ボードゲームなど）

・勝負事が好き
・株を副業にしたい
・株で生活がしたい

質問4
・頻繁に株価チャートを観るのが好きではない。
・ゲームは苦手（テレビゲーム・カードゲーム・ボードゲームなど）
・勝負事が好き
・株を副業にしたい
・株で生活がしたい

（解説）
1と4の質問のYESの合計が5つ以上の方・・・長期トレーダー向きです。
ぜひ長期トレーダーを目指してください。

2と3の質問のYESの合計が5つ以上の方・・・短期トレーダー向きです。ぜひ短期トレーダーを目指してください。

1と4の質問のYESと2と3の質問のYESの両方とも5つ以上の方・・・職業トレーダー向きです。ぜひ職業トレーダーを目指してください。

どうでしたか?もしもあなたがトレーダーとして望んでいる方向と診断で出た結果が違っていた場合でもがっかりして諦めなくて大丈夫です。足らない部分を補えばいいのです。

一週間に一回、勝負する！

「月一回のトレードが楽しい」「興味がわいてきた」なにより「もっと稼ぎたい!!」と思い始めたら、トレードの頻度を増やしてみましょう。

月ではなく「週」単位のチャートを見ていきます。毎週の値動きが反映されたグラフです。

週足のろうそく足を見てみましょう。その週の最初の営業日の初めの価格が始値、その週の最後の営業日の終わりの価格が終値です。祝日がない週なら、月曜日の始めの価格が始値、金曜日の終わりの価格が終値となります。

移動平均線は、過去数週間の終値を全部足してその数週間で割った数値（移動動

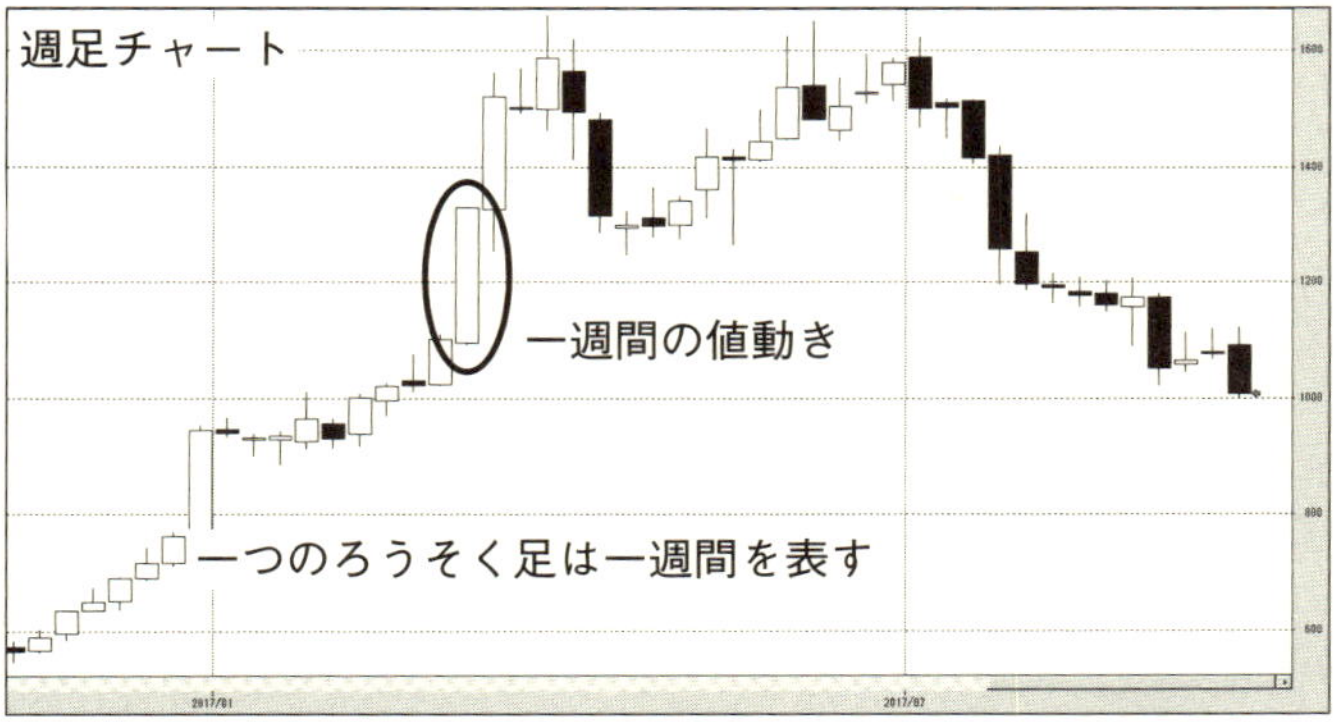
週足チャート
一週間の値動き
一つのろうそく足は一週間を表す

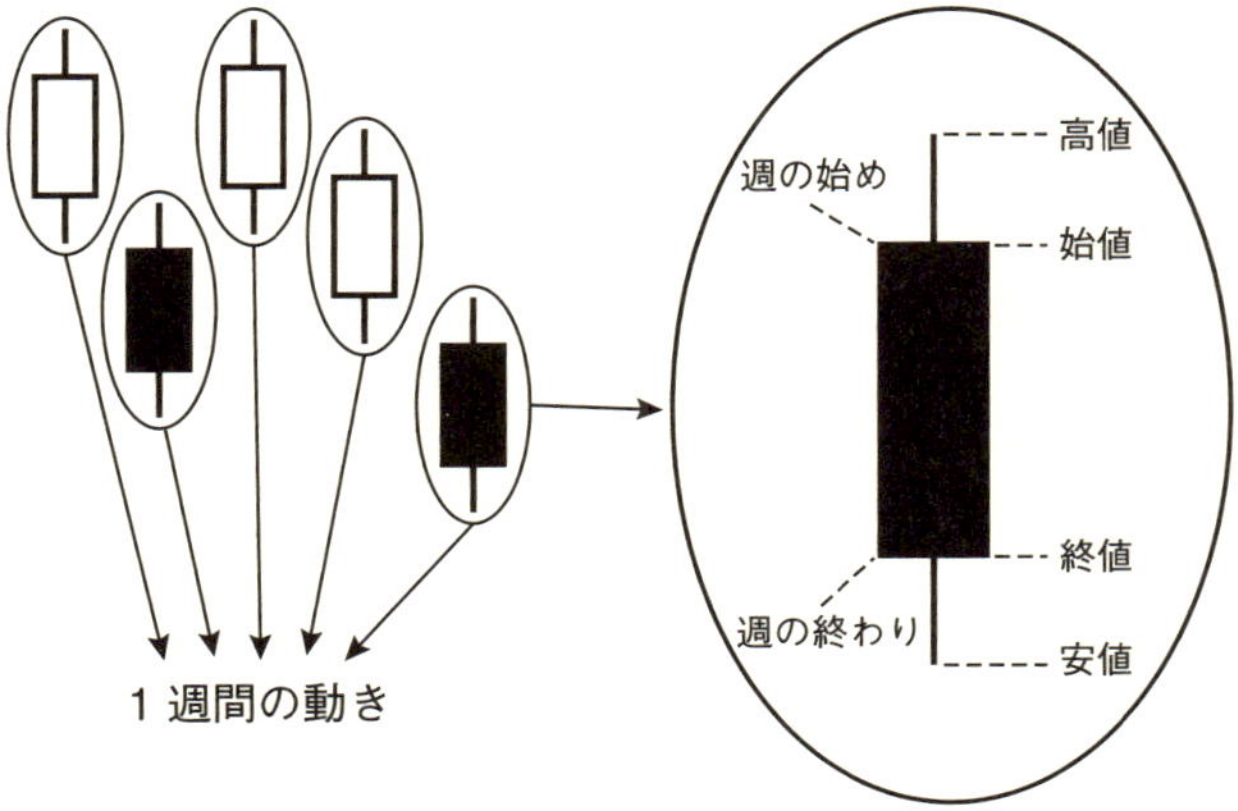
高値
週の始め
始値
終値
週の終わり
安値
1 週間の動き

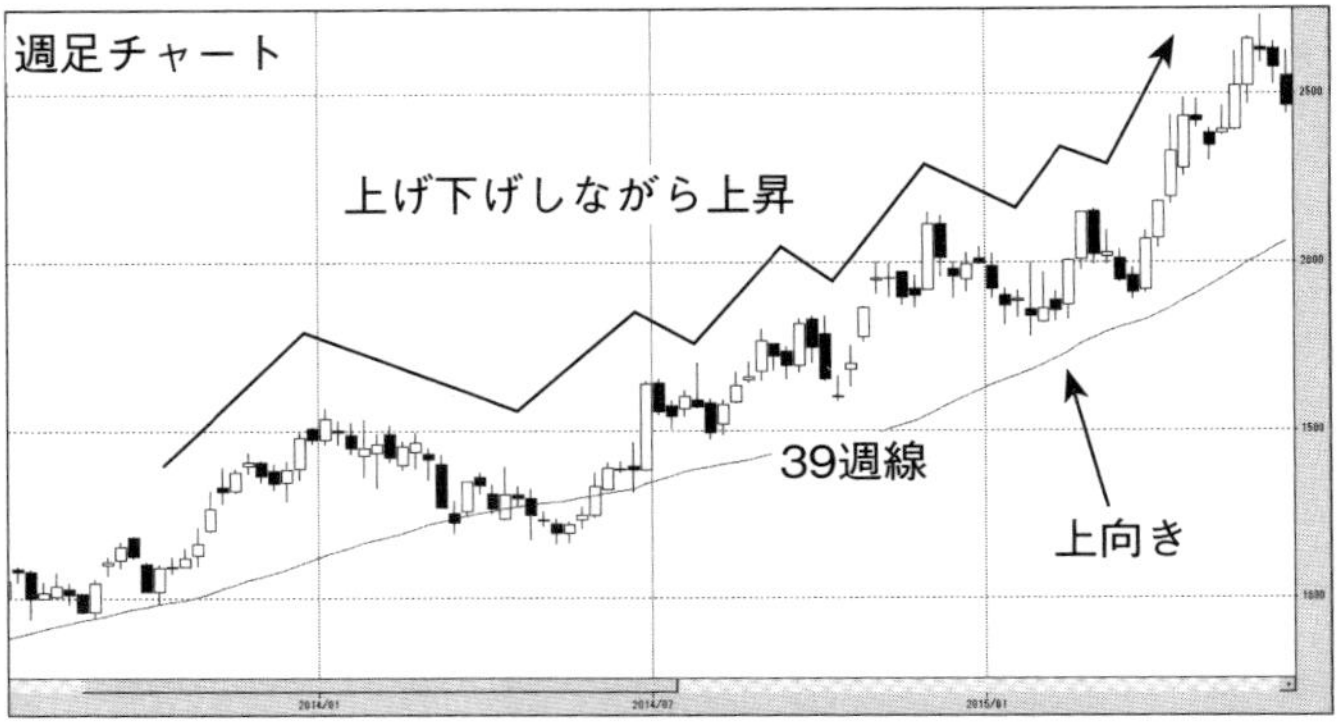

平均値）の「点」を結んでグラフ化したものです。

月足チャートの際には12カ月移動平均線と24カ月移動平均線を使いましたが、週足チャートの場合は26週移動平均線と39週移動平均線を使います。まずは39週を見ていきましょう。

買い場の見つけ方の考え方は月足の時と同じです。

何度も繰り返しますが、株価は

「いったん上がり始めるとしばらくは上がる」

「いったん下がり始めるとしばらくは

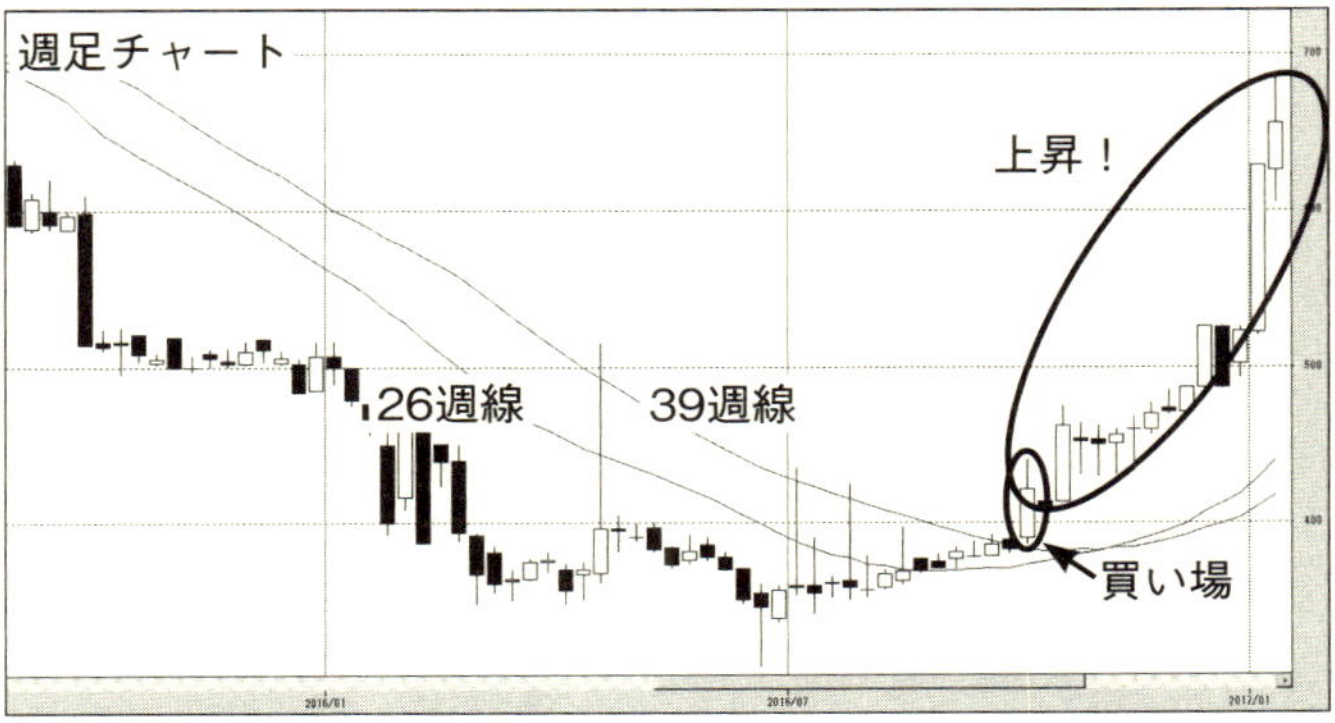

下がる」
という癖がありましたね。
下向きの移動平均線の角度が緩やかになり、横ばい近くか横ばい上に向き始める近辺を株価が上抜けたところが買いのタイミングです。

週足の場合も一つの期間の移動平均線だけだと「ダマシ」に遭う可能性が高いので、ここに26週移動平均線を重ねます。月足の時と同様に、２つの移動平均線を株価が上に抜けたところが「買いポイント」となります。月足チャートの時には出てこなかった「買い」サインが、週足チャートになると出てくることもあります。時間軸を短くすることで買い場の出現率は高まるのです。

週足チャートでトレードを行う場合も、月足の時と同様に「一回10000円」を毎週繰り返します。

一日一回、勝負する！

毎月から毎週へと回数を増やしてきましたが、それでも「もっとやりたい！」「面白くて仕方ない！」という人は、次は毎日行う日足チャートでの勝負という場に入っていきましょう。

「日」単位での値動きが反映されたのが日足チャートです。

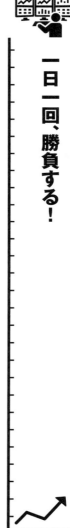

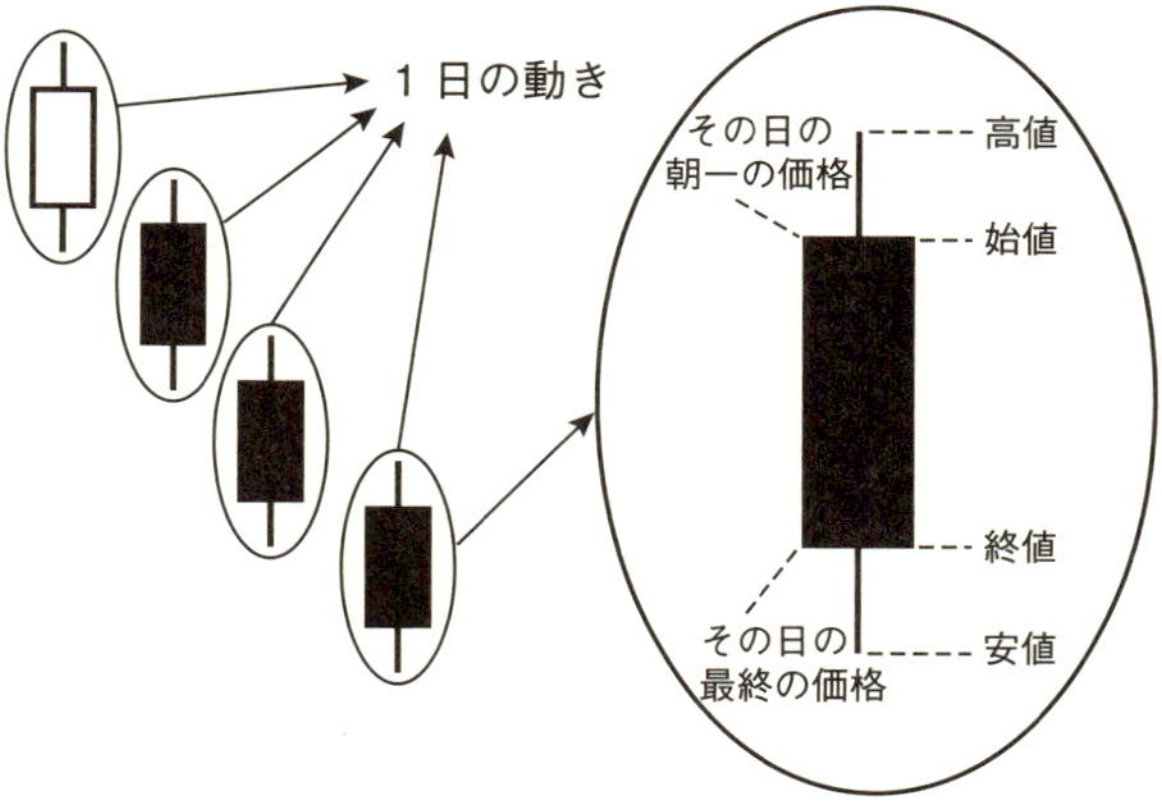

日足のろうそく足を見てみましょう。その日、初めて値が付いた価格が始値、その日の最後に値が付いた価格が終値です。移動平均線は、過去数日間の終値を全部足してその日数で割った値の「点」を結んでグラフ化したものです。

月足の場合には12カ月移動平均線と24カ月移動平均線、週足の場合には26週移動平均線と39週移動平均線を使いましたが、日足の場合には25日移動平均線と75日移動平均線を使います。まずは75日線を見ていきましょう。

買い場の見つけ方はこれまでと同じで

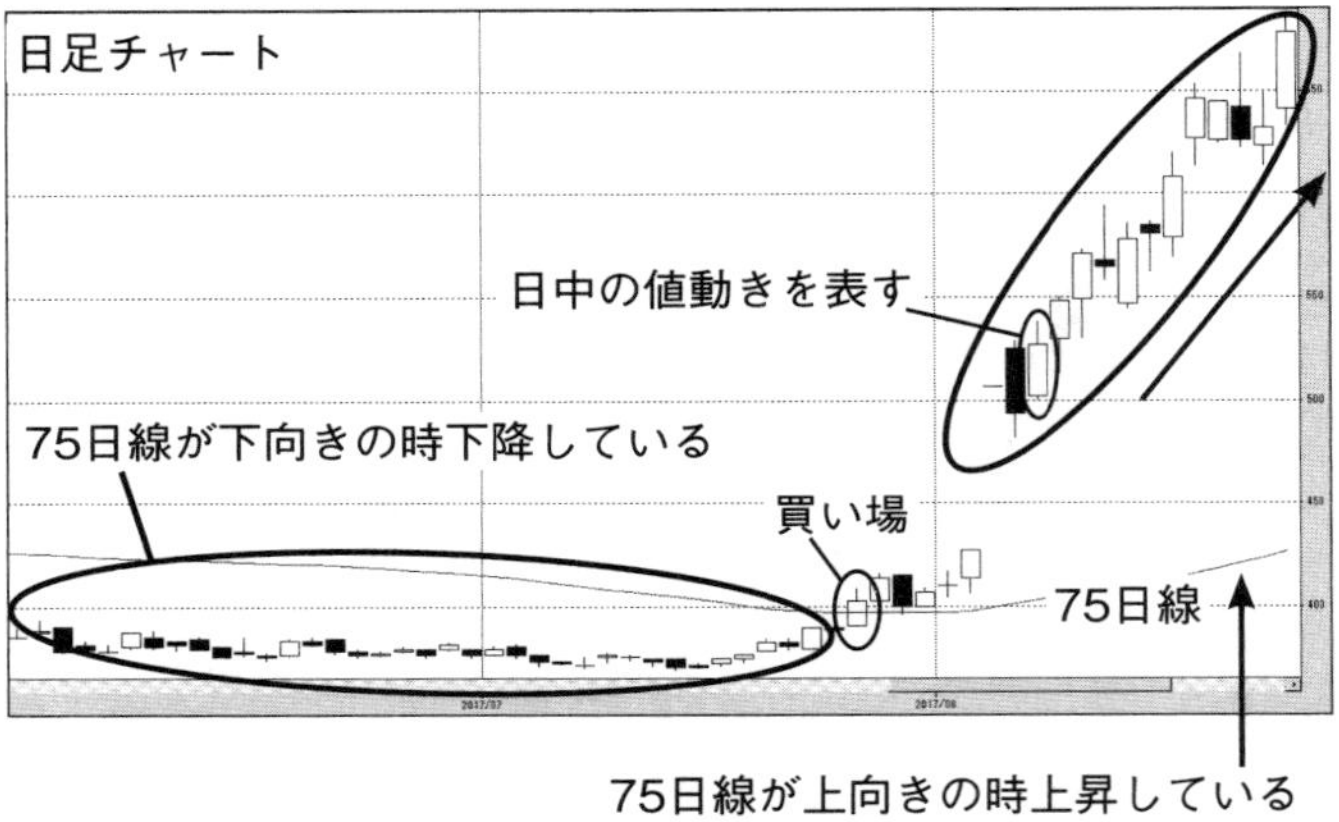

す。

株価には

「いったん上がり始めるとしばらくは上がる」

「いったん下がり始めるとしばらくは下がる」

という癖があります。

下向きの移動平均線の角度が緩やかになり、横ばい近く横ばい上に向き始めたところ近辺を株価が上に抜けたところが買いのタイミングです。

日足の場合も一つの期間の移動平均線だけで判断して買うと、「ダマシ」に遭

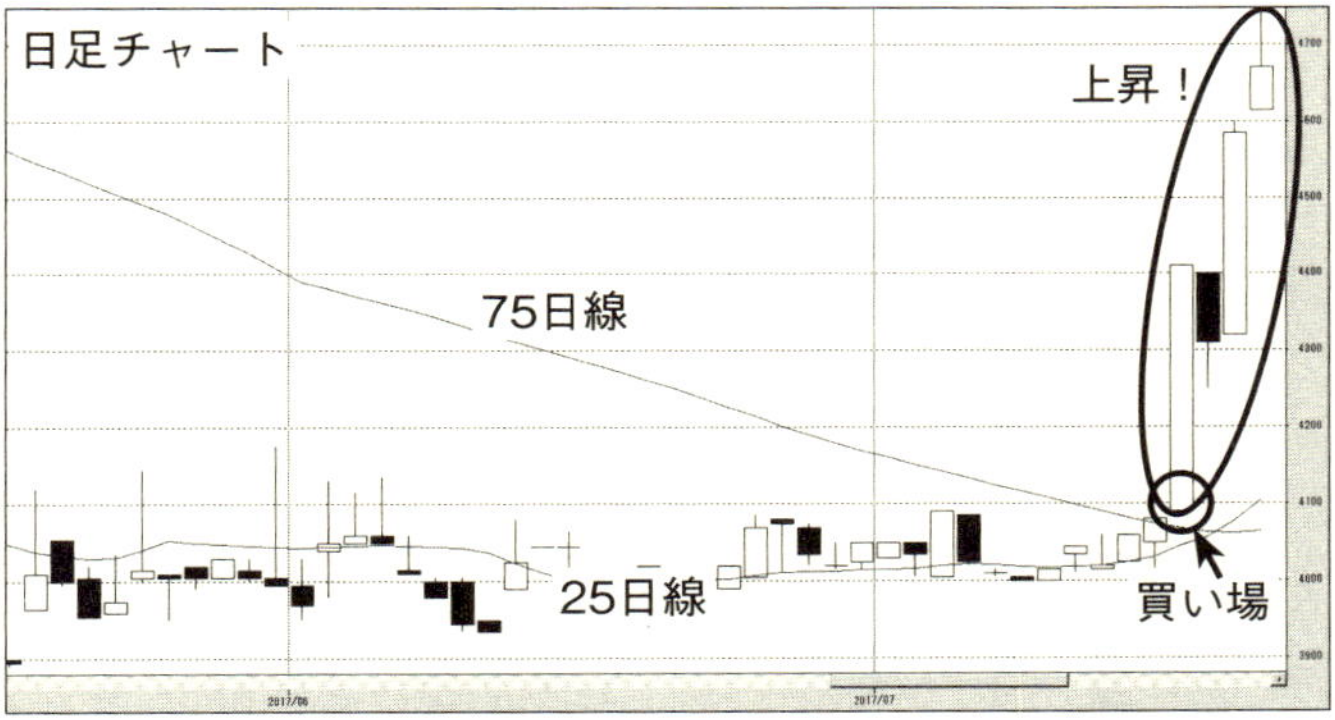

う可能性が高いので、ここに25日移動平均線を重ねます。２つの移動平均線を株価が上に抜けたところが「買いポイント」となります。月足チャートや週足チャートの時には出てこなかった「買い」サインが、日足チャートになると出てくることもあります。

◎注意！

日々のトレードをやっていると「買い場」が見つからないということもあります。その場合は、無理やり買う必要はありません。いや、買ってはいけません。買いたい、稼ぎたいと思ってもガマンです。ルールにのっとった明確な「買い」

のサインがあるときのみ１００００円を投じてください。買い場が見つからなかったら、必ず見送ります。

新しい「もっと強力な」道具を手に入れよう！

基本の「月一回１００００円自分トレ信」から一歩先に進むことを決意したら、最初にやってほしいことは松井証券の口座開設後に見ることができるチャートソフト「ネットストックトレーダー」に申し込むことです。これまではフリーのチャートを道具として使ってきましたが、ここから先の勝負に勝っていくためにはもう少しキレのいい頼りになるチャートが必要になります。このソフトは有料で、毎月１８００円（税別）かかります。このソフトを道具として手に入れるということは、今後はこの経費に当たる毎月１８００円を超える利益を月平均で稼いでいくという覚悟も同時に持ったということです。

「覚悟なんて言われると不安だなあ」

そう思われるかもしれませんが、安心して進んでいってください。大丈夫です。

このネットストックトレーダーの機能は優れていて非常に使いやすいものです。

なので、この道具をうまく使いこなすことができれば、どんどん「買い場」を見つけていくことができるようになります。

まとめすごろく「あなたは今どこ？」

ここまでのステップをすごろく形式でまとめてみました。あなたは今どこにいるでしょう？もっと先に進みたい？それとも、ちょっと戻って練習を重ねますか？

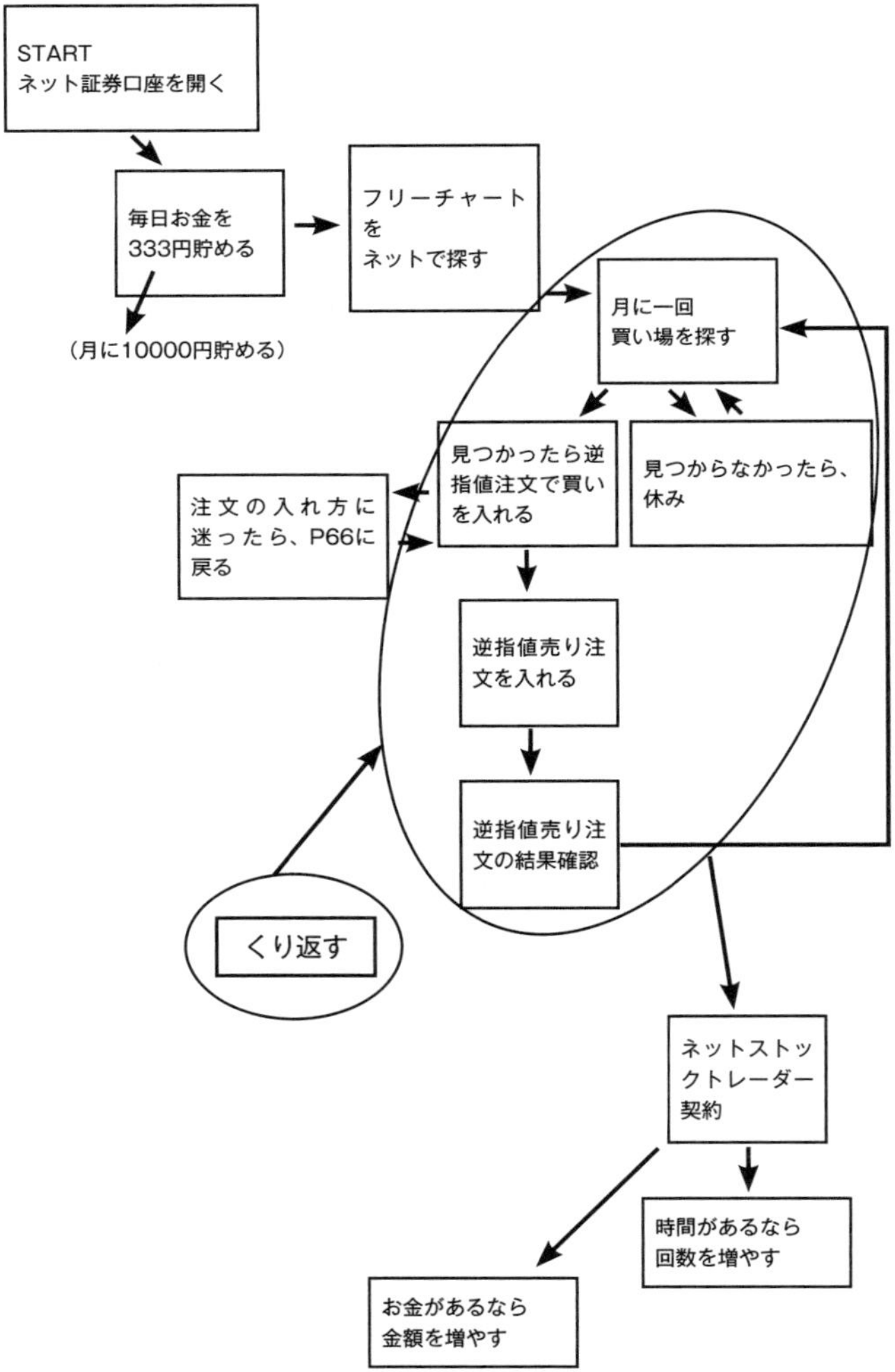
START
ネット証券口座を開く
毎日お金を
333円貯める
（月に10000円貯める）
フリーチャート
を
ネットで探す
月に一回
買い場を探す
見つかったら逆
指値注文で買い
を入れる
見つからなかったら、
休み
注文の入れ方に
迷ったら、P66に
戻る
逆指値売り注
文を入れる
逆指値売り注
文の結果確認
くり返す
ネットストッ
クトレーダー
契約
時間があるなら
回数を増やす
お金があるなら
金額を増やす

決して急いでゴールに向かう必要はありません。ただ、一度スタートしたからには、「戻る」のはアリですが、「止まったまま」動かないでいることはやめましょう。

第5章

株が下がった?「そんなの関係ない!」

2つの方法を知っていれば「いつでも」勝負できる

ここではリスク管理についてもう少し突っ込んで考えておきたいと思います。

基本的なルールはこうでしたね。

「前もって決めておいた買い場で株を買って、もしも下がった場合は早めにロスカットして撤退する」

はい、これでリスク管理はバッチリです。これさえ守ればどんな不況時でも、また、急落や暴落が起こっても大損する可能性が極力低くなります。

でも、大損しないのはいいんだけど、稼げないのもつまらないな…。トレードの世界にだんだんなじんでくると、こんなふうに考えるようになります。勝つ喜びを知ってしまうと、どんどん勝負がしたくなるのです。

株式相場全体には、大きな流れがあります。端的に言えば市場環境が良い時と悪い時があるということです。市場環境が良い時は、稼ぎやすいので初心者でも割と簡単に稼ぐことが可能です。ところが、市場環境が悪化すると、初心者レベルではまったく太刀打ちできなくなってしまいます。月足チャートで買いましょう、と言っていても、いくら次々とチャートを見ていっても「買い場」が見つからない、つまり買えないという状況が続きます。

そんなときの「裏ワザ」が「空売り（からうり）」です。市場が悪化した時や悪化していることを逆に利用して、利益を狙う方法です。

「空売り」という言葉は何かネガティブなイメージを伴っていることが多いので空売りと聞くだけでブルブルっと首を横に振る人も多いのですが、きちんと行えば何の心配もありません。基本の考え方はこれまでお話してきた理論から外れてはいません。

これまでに行ってきた通常の取引は、「80円で買ったものを100円で売って、その差額の20円が利益になる」というものでした。空売りの場合はその逆で「株価が１００円の時に売り注文を入れて、その株が80円に下がったところで買って、その差額の20円が利益になる」という仕組みです。

図解「空売り」をマスターしよう

言葉で表すとややこしいので図解で説明しましょう。

最初に自分では持っていない株を売るために、証券会社から株を借りてきます。（A株を１００株）その株を株式市場に出してその時の市場価格（たとえば市場価格が１００円とする）で１００株を売ります。この時、売却代金として現金１００００円（１００円×１００株）が手元に残ります。次に、この株価が下がり市場価格が80円になった時点でその株を１００株買います。購入代金として

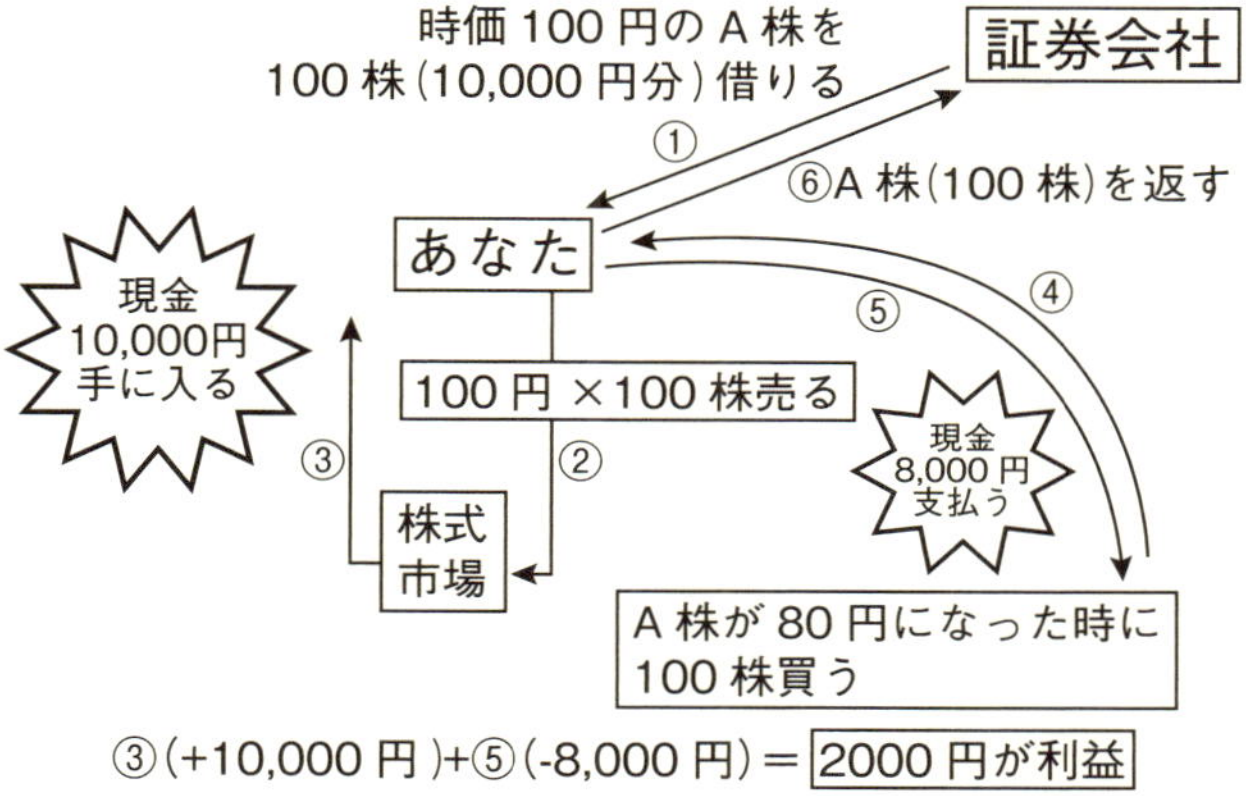

８０００（80円×１００株）円支払って２０００円が手元に残ります。証券会社から借りていた株１００株を証券会社に返して、利益は２０００円。

証券会社から株を借りることのできる期間は最大で６カ月です。この期間内に返却する必要があります。借りている期間の間ずっと、貸株料がかかります。ですので、この２０００円の利益から貸株料が差し引かれますが、年利１％程度なので、１００００円を最大限の半年間借りていたとしても50円くらいのものです。

となると気になるのが「半年待っても証券会社から借りてきた株が下がらなくて、逆にどんどん上がってしまったらどうする？」ということです。空売りをした後は、必ず株を買い戻して証券会社に返却する必要があるので、図の例のように100円で空売りした株がいつまでたっても100円を割らずに、それどころかついには150円にまで上がってしまったら差し引きで50円の損失（50円×1000株で5000円の損失）となります。

「ほら、やっぱり、空売りは怖い！」

いえいえ、そんなことはありません。この場合も買いの場合の基本のやり方と同じように「ロスカット」のラインをあらかじめ決めておけばいいのです。

たとえば「110円以上になったら買う」という買いの逆指値を入れておきます。これで、リスクを1000円に設定できました。

空売りは、株価が下がったときに稼ぐことができるというものなので市場にショックが起きた時、つまり他の投資家やトレーダーがわーっと大騒ぎしているときこそ稼ぎ時。短期間で大きな結果が出ることも多いので非常に面白くて楽しい勝負となります。

「信用取引」って何？

証券口座を持っていれば、誰でも空売りができるかと言えばそうではありません。

空売りを行うためには通常口座とは別に信用取引口座が必要です。「信用取引」という言葉にも「空売り」と同じようになんだか胡散臭い怖いイメージが付きまとっているようですが、実際にはそんなことはありません。これも非常に便利な道具の一つです。うまく使えばスパッとよく切れる、でも下手に扱うと自分がずたずたに傷ついてしまう…そんな刃物のような道具です。使い方が肝心！ちゃんと扱えば非常に頼りになります。

信用取引の主なメリットは、

・レバレッジが使える

※レバレッジとは「テコの原理」で、小さい力で大きな物を動かすことです。金融の世界で言えば、少ない資金で多くの資金を動かすことです。

手持ち資金の約3倍の額までの取引ができます

・空売りができる

この2つのメリットの中で、あなたが信用取引口座を使って行うべき勝負はレバレッジではなく「空売り」です。レバレッジは使わないでください。空売りの際にもレバレッジはかけないでください。シンプルに下がった分だけを利益として取りに行く、後はロスカットラインを設定しリスクを管理しておけば通常の売買となんらリスクは変わりません。変わらないどころか、市場全体が急落や暴落の際や環境が悪い時には空売りの方が利益が出やすくなります。株式市場の世界での急激な変動としては、急騰よりは急落の方が起こりやすいので、そのことを考えても「空売り」を稼ぐためのひとつの手段として使いこなせるようになっておくといいでしょう。

空売り練習ドリル

問１
次の質問に答えてください。

たとえば、今１４５０円です。この時空売りしました。（１４５０円で空売りした。）そして、１１００円になりました。（１１００円で買った。）

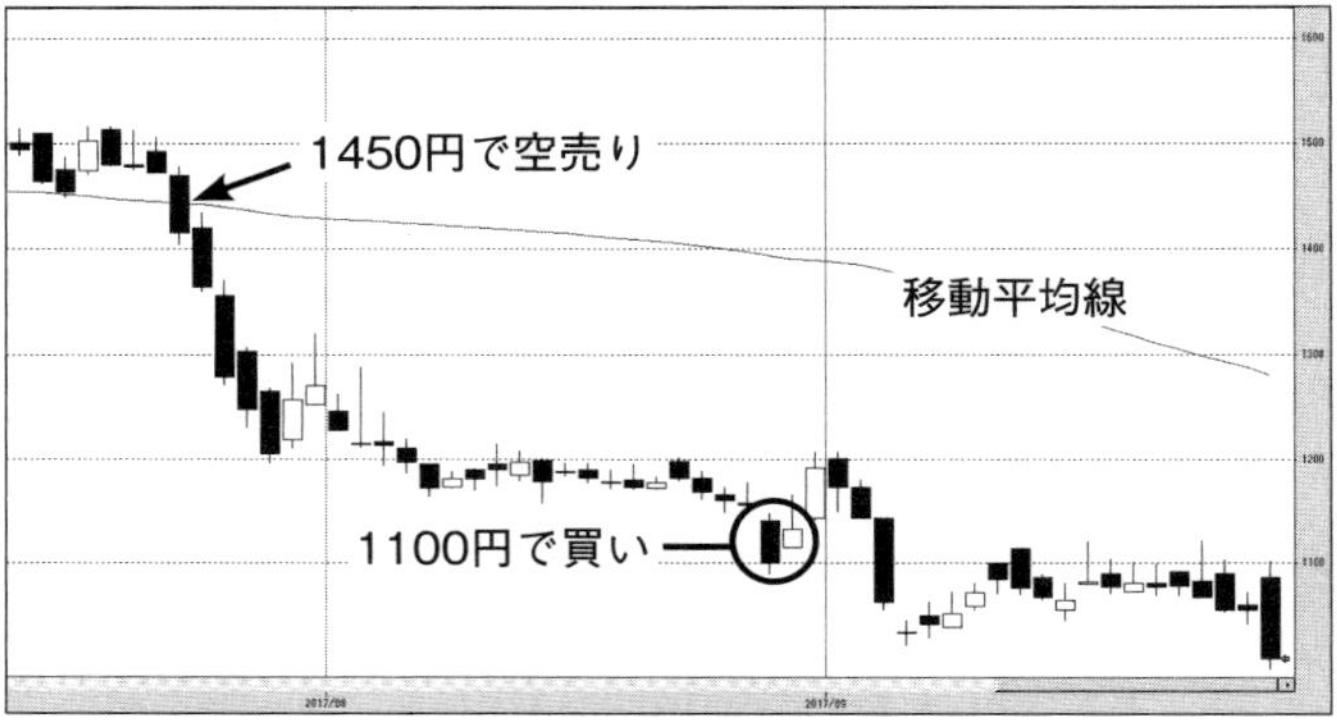

この時、いくらの利益でしょうか？もしくはいくらの損失でしょうか？

（答え）

350円の利益です。

空売りの場合は買いの場合とまったく反対で、下がったら利益、上がったら損失となります。ですので、あなたが空売りをした時の心情としては「下がってほしい」ということになります。普通の個人投資家とは反対の心情になっていますね。

このように空売りの場合は買いの時と

反対になりますので、注文を入れる際にも反対の行動をしていきます。

通常の口座画面ではなく、信用取引口座の画面から信用取引の空売り（正式には売り新規、売建）を選択し、「株価が●●円以下になったら、指値●●円」と注文を入れます。

この場合も買いの時同様に逆指値の価格に到達した後の成行はＮＧです。必ず指値で注文してください。利益確定やロスカットは買いで行いますが、売り新規の後に買う行為のことを「買返済」もしくは「買戻し」と言います。その時の注文は「株価が●●円以上になったら、成行」となります。

この場合も通常の買いの後のロスカットの時同様に指値はＮＧです。逆指値の価格に到達した瞬間に急騰したり、始値が高く始まったりしたときに、買返済できなくなってしまう可能性があるからです。

通常買いの場合も、空売りの場合も、逆指値注文を使ってトレードを仕掛ける時は「指値」で、トレードを仕切る場合は「成行」で。これが基本になります。

第6章

職業トレーダーへの道

自分トレ信から職業トレーダーへ

ここまで、本書では「自分トレ信」、つまり定額で継続的に勝負していくというトレード方法を学んできました。１００００円で月一回から始まり、頻度をあげて週一回、日に一回へという方向に進んだ方、あるいは回数はそのままで金額を上げた方もいらっしゃるでしょう。そしてそれぞれ選んだ道で、さらに「楽しい！」「勝てた！」という実感を積み上げた方は、きっともっと先の世界に興味を抱くことになるでしょう。

そういう方は、このまま自分トレ信を極めていくだけではなく、もっといろんな買い場のあるトレーディングの世界にぜひ進んでみてください。それが私のいる場所、職業トレーダーの世界です。

職業トレーダーになると、収入の多くをトレードによって得ることができるので時間的自由、金銭的自由を手に入れることができます。「そうなりたい！」「その場所を目指したい！」そう思った方はこの先も読み進めてください。

今の時点では「そこまではちょっと」と思う方は、ここまでの基本の自分トレ信で着実に利益を上げることに専念してください。それだけでも「お小遣いアップ」の夢なら十分に果たすことができます。

職業トレーダーになるために必要な、たった一つのこと

職業トレーダーになるために絶対に必要な要素が一つあります。

それは「トレードが好き」「もっとトレードをやりたい」という気持ちです。

この気持ちさえあれば、誰にでもなることができます。もちろん勉強や練習は必

要ですが、それは他の何をするにしても同じこと。当然のことです。

株価チャートを見て「面白いな」と思えて、「買い場」のパターンを見つけるのが楽しい。そんな人であればここから先へもどんどん進むことができます。一方、チャートを見るのが辛い、つまらない、もうひとつピンとこないな…という人にはお勧めできません。向いてるかどうかは、好きかどうか、ただそれだけです。

トレードの世界に限らず何かになろうと目指す時「●●になりたい気持ちはあるけれど時間が足りません」という人がいますが、これは結局それほどは好きじゃないということです。自分にとって行動の優先順位を上げるほど好きではない。本当に楽しくて大好きなことだったら、他のことを差し置いてでもトレードのための時間を作ろうとするはずです。

職業トレーダーになるためには、一般社会で成功するために必要だとされている「学歴」も「知識」も、高い知能指数もいりません。もちろん「カッコイイ」

とか「美人だ」なんていう外的要素も一切関係ありません。年齢や経験も問いません。私自身も大学卒業後、いろいろな仕事を転々としましたが、どこでも大してうまくいかなかったのです。株価チャートに出会えたおかげで、今の成功を手にすることができました。

とにかく一個人として稼ぐことができる額の伸びしろが大きいのが職業トレーダーの世界です。大きな夢を抱くこともできます。今は私がこんなふうに指導者の立場で本書を書いていますが、数年後にはあなたの方が私の運用成績を抜いて大きく稼いでいるかもしれません。

職業トレーダーになるためのQ&A

Q　職業トレーダーになるには最低でもどのくらいの資金が必要？

A　50万円程度の資金

職業トレーダーになるための資金の目安は、1回あたりのトレードに50万円以上投入できることが一つのポイントとなります

「10000円というタイトルにひかれてこの本を買ったのに、結局そういうことなの？」と、早まってこの本を投げ捨てたりしないでくださいね。その理由は2つあります。

まずひとつめは、

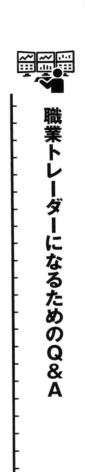

・職業トレーダーになることがこの本の目指すゴールではないということです。

そしてもう一つ、それは

・10000円で勝てるようになれば50万円でも勝てるということです。

そう、勝つための方法が難しくなるわけではありません。10000円で勝つ場合と基本的には同じなんです。もっと言えば、職業トレーダーとして臨んだ方が、逆に買い場が増えて勝てるチャンスも広がる可能性があります。また、トレード回数が増えることによりリスクも分散されるのでストレスの少ないトレードが可能になります。

Q　職業トレーダーになるために必要な道具は？

A　ネットストックトレーダーとパソコン（ネット環境を含む）のみ

第四章でもご紹介したように、職業トレーダーとしてやっていくならフリーチャートではなく有料の性能の良いチャートを使ってください。

必ずしもネットストックトレーダーである必要はありませんが、それ相応のチャートが必要となります。ここでは、私が長年使っているという理由で挙げておきました。

こういうところでお金をケチらないようにしましょう。ネットストックトレーダー使用料の月額1800円を「もったいないな」と思う人は、はっきり言って職業トレーダーには向いていません。今後、株式相場の世界で継続的に稼いでいき、最終的に何十万円、何百万円いや何億円も残そうとするときに毎月の1800円が惜しいと思うなら、この道はあきらめたほうがいいと思います。大きく稼ぐためには「必要経費がかかるものだ」というトレードを職業とする意識がないことになります。

（月々のお小遣いを稼ぐ程度ならフリーチャートで十分です！あくまでも職業トレーダーになりたいのであれば必要なだけです）

Q　職業トレーダーになるために大切な条件は？

A　心《しん》・技《ぎ》・財《ざい》

トレードで稼ぎ続けるためには「心」「技」「財」の3つの要素が必要です。資金の「財」はひとつ目の質問で50万円程度を一回のトレードに資金投入できる人と答えました。50万円くらいならコツコツ貯蓄をがんばるという手もありますし、10000円トレードから始めて増やしていくという方法もあります。

ただ、そうやって貯めた資金をトレードでどんどん増やしていこうと思ったら職業トレーダーとしての「心」と「技」が十分に備わっていなければなりません。そうでないと、いとも簡単に落とし穴にはまってしまうことになるでしょう。

「技」というのは、チャートを見て買い場売り場を判断する力と正確に注文する力のことです。これらは第二章と第三章でしっかり学びましたね。

「心」は、最も大切で、第一章で基本的な心構えに触れています。自信のない人は、もう一度戻って読み返してみてください。

この3つの要素は足し算ではなく掛け算で成り立っています。

掛け算になればどうなるか？

どこかが0になれば、すべて0になるということです。

たとえば、高いレベルの技術を身につけ、お金がどんなにあっても「心」がゼロだったら、結果もゼロになってしまうということです。

職業トレーダーになって手に入る未来とは？

私自身が今のように職業トレーダーになって「本当に良かった！」と思う一番大きな理由は「ストレスから解放された！」ということです。

大学を卒業して会計事務所で働いていた頃は、実は多くのストレスを抱えていました。慣れない仕事、ささいなことまで細かく詰めてくる上司、連日の睡眠不足、たまの休みにも精神的に疲れ果ててしまって趣味を楽しむ余裕さえない…。
実際、私は当時、ほとんどノイローゼ寸前というまでの状況に陥ってました。そして、その後は職を転々としながら、ある時期は肉体労働もやりました。水商売もやりました。

ところが、今はどうでしょう。

まず、時間には全く縛られていません。朝昼かまわず起きたいときに起きて、眠りたいときに眠る。フラっと出かけたい場所に出かけ、海外旅行にも年4回程度は行っています。ただし、ノートパソコンとネット接続機器だけはいつでもどこにでも持参しています。職業トレーダーだからです。そう、職業トレーダーに必要なのは、ノートパソコン一台とネット接続機器と自分自身のみです。

株のトレードとはカフェでも居酒屋でも旅先のホテルでも、移動中の新幹線や電車の中でもできる仕事なのです。時間と場所、そして煩わしい人間関係からの解放…、このすがすがしい自由さを、あなたにもぜひ手にしていただきたいと願っています。

職業トレーダーはＡＩにも勝てる！

ＡＩの進化が著しい昨今、時々こんなことを聞かれるようになりました。

「将来的には株価の予想も、ＡＩに任せれば完璧で、ＡＩに任せれば楽に勝てるんじゃないですか？」と。

でも、そんな未来は、少なくとも私たちが生きている間には起こり得ないのではと思っています。なぜなら、株の売買においては、常にルールが変わっていくからです。


ＡＩによる予想の原点となるのは「過去のデータを学習」して「将来に延長する」ということです。徹底的に、かつ圧倒的な量の過去のデータを集めて分析できるということにおいては、人間はＡＩにはかないません。ですから、過去と現在（そして未来）のルールが同じ場合であれば、ＡＩの予想が当たる確率はかなり高いということになります。

ですが、株のトレードというのは売買の需給バランスによって価格が決定されるという特徴を持っています。つまり、過去のルールが現在のルールと必ずしもイコールではない、ということになります。

将棋で例えるとしたら「突然、歩が2コマ以上進めるようになる」というようなことがマーケットでは起こっているのです。つまり、過去の分析による未来予想は根拠となるものが確かではないので確実性は低くなるということです。

さらに、マーケットでは「ダマシ」や「裏をかく」といった動きが頻繁に起こります。そんな中では、価格予想はほぼ不可能だと言わざるを得ないでしょう。

今あるたくさんの仕事がＡＩに取って代わられる中で、「トレードもそうなるんじゃないの？」と言われることも多いのですが、この先どんなにＡＩが進化しても、機械に任せる部分は増えるかもしれませんが最後の判断は「人」の方が優れていると思っています。

職業トレーダーになるための心得チェック

職業トレーダーになるための条件にはいろいろなものがありますが、基本的には本書の内容をしっかり理解できていればまずはＯＫです！

その内容とは、大きくまとめますと先ほども述べたように「心」「技」「財」です。

それぞれまんべんなく磨いていけばいくほど職業トレーダーに近づくでしょう。

さて、それぞれの中で重要と思われるものをいくつかピックアップし、一問一答形式にしてみました。

全問正解できるでしょうか？
○×で答えてみてください。

・トレードとは一時的にどか～んと大きく儲けるものだ
・トレードはプロであれば全勝できる
・投資信託は安全だ
・移動平均線を上に抜けたら買いだ
・移動平均線を下回ったら売りだ
・移動平均線が下向きの時でも株価は上がることがある
・５００円以上とは５００円も含まれる
・空売りは危険だ
・12カ月移動平均線より24カ月移動平均線の方が有効だ
・日足・週足・月足のチャートは時間軸が違うだけで買いのパターンは同じだ
・信用取引はしてはいけない

・12カ月移動平均線と24カ月移動平均線の両方が下に向いている。株価が上がってくる時に、先に上に向いてくる線は24カ月線である
・日足の移動平均線は25日と70日を使う
・週足の移動平均線は39週と26週を使う
・その月が終了するまでその月の月足ろうそく足はチャート上に表示されない
・月足を見ての空売りは12カ月移動平均線と24カ月移動平均線の両方を下回ったら行う
・日中忙しい人はトレードには向かない
・トレードで勝つためには景気動向や企業業績を入念に調べなければいけない
・チャートを見る時は移動平均線だけを見ればよい
・投資とトレードは同じだ
・証券口座はどこの会社でもよい
・週足チャートでの買い場は２つの移動平均線（26週と39週）が上向きでなければならない

・移動平均線は株価の長期的な流れを表す
・移動平均線とは過去一定期間の始値を合計し、その一定期間で割って、平均値を出し、その平均値をつなぎ合わせて線にしたものだ
・ろうそく足の陽線は下降、陰線は上昇を表す
・株の初心者は投資信託をすべきだ
・移動平均線が下向きの時は買ってはいけない
・時と場合によってはロスカット注文を入れなくてもよい

○番外編（本書では直接触れてはいませんが、わかるでしょうか？）
・過去に数億円儲けした人は今後も稼ぎ続けることができる
・株は安い時に買って高い時に売るものだ
・日中株価を確認できる人はロスカットがその場で出来るので、ロスカットのた

めの逆指値注文を入れなくてもよい
・トレードで稼ぎ続けるためのキモは、どれだけ良い技術を身に付けるかだ
・年間600万円程度稼ぎたければ、トレード資金として50万円程度あれば良い
・職業トレーダーにすぐになれる方法がある
・初心者は株主優待や配当目的で株を買うと安全だ
・専業トレーダーの方が副業トレーダーより稼ぐことができる
・職業トレーダーでも大損することはある
・デイトレードで勝つためには板情報（気配値）を読む技術が絶対必要だ
・勝率100％の手法がある
・好業績銘柄を買い続ければ必ず儲かる

答えと解説
答えと詳しい解説を知りたい方はこちらのフォームからお申し込みください！

←

https://1lejend.com/stepmail/kd.php?no=IRnMJqOijao

あなたのメールアドレスに返信いたします。

あとがき

私は今までに多くの個人投資家やトレーダー、またそれらを目指そうとする多くの人と出会ってきました。

そんな中で私が個人的に感じていることなのですが、株をやる人はなんとなく「変わった人」が多いなあと。これは、自分も含めての話です。

いわゆる社会のまっとうな道、学校を卒業したらそれなりの安定した企業に就職し、そこでの人間関係をうまくやりつつ仕事のノルマも果たし、適齢期になれば結婚して家庭を持って立派な社会人として生きている。そういう人は、あまり株式投資に興味を持たないように思います。反対に、そういうまっとうな道から外れてしまった人が、簡単に大きく儲かりそうに見える株の世界に首を突っ込みたがるような気がするのです。

まさに初心者の頃の私がそうでした。

株をやる人がよく口にする「楽して大きく儲けたい！」なんていうのは、まっとうな道を歩んでいる人からは出てこない発想です。私の塾に入塾したいという希望者の方にもそういう人が結構多いのですが、実はそういう発想の人はトレードには向いていないので、入塾をお断りしています。ただ、勘違いしてほしくないのは、「楽して大きく儲けたい」という考えの人がトレードに向かないのであって、まっとうな道を歩んでいない人が向かないのではありません。決してまっとうな道を歩んできてはいないが、本書で述べたことを踏まえてもらえることができれば、どんな人でも成功するのがトレードの世界だと思っています。

トレードでは、稼ぐために必要な技術や考え方をしっかり学び、売買をルール化し、それをきっちり守ることが勝つための大切なルールです。きちんと、真面目にというのがキーワードと言ってもいいくらいです。なので今、まっとうな人生にいる人は実はトレードをうまくやれる可能性が大きいのですが、そういう人たちは逆にギャンブル心が少ないので、あえてこの世界に入ってこようとはしないのです。

本書が目指すのは、

・ギャンブル心は十分にあるけど真面目に取り組めない人たちに徹底的に基本ルールをマスターさせてトレードで勝たせてあげること

さらに、

・まっとうな道を歩む、ごく普通の一般の人たち（ビジネスパーソンや主婦の方、あるいは学生さんなども含めて）にも、その真面目さを活かしてトレードで勝たせてあげること

・両者ともそれによって得た稼ぎでさらに充実した人生を歩んでもらうこと

です。

私自身が株価チャートによるトレードのおかげで今のような自由に生きる幸せを手に入れることができたので、一人でも多くの人が同じように株価チャートに

よって幸せを手にしてくれるといいな、と心から願っているのです。それが、私を救ってくれた株価チャートへの私なりの恩返しです。

金銭的に今の生活に何か不満がある人、将来に不安を抱えている人が本書に出会って、少しでも前を向いて、「株！自分にもできるかもしれない」と明るい希望を抱いてもらえたとしたら、これに勝る喜びはありません。

チャートの神様は、いつも誰にでも公平にほほえんでくれます。

平成29年12月吉日

冨田晃右

編集協力　白鳥美子（放送作家・ライター）

著者略歴

冨田 晃右（とみた・こうすけ）

京都府出身、1970年生まれ。株式会社日本トレード技術開発代表取締役。経営コンサルタント、税理士になりたいと思い、同志社大学経済学部に進学するも挫折。在学中より経済の需要と供給や開発経済学を学ぶ。2002年当時、日本にはあまり存在しなかった、株の個人ネットトレーダーを志す。欧米流のトレーディング手法と日本の投資技術を導入、まったくの初心者から約３年で、安定した利益が出るトレード技術を開発した。

自ら代表を務める「株式会社日本トレード技術開発」が運営する「株式スクール冨田塾」を全国各地で開催。「小額資金しか持たない個人は、投資家として大儲けを狙うのではなく、トレーダーとして長期的継続的に稼げるようになるべき」をモットーに、正統派技術をまじめに教えている。

「個人投資家」ではなく「個人トレーダー」を育成すべく、株価チャートのみを使ってのトレーディング手法を導入。チャートパターン認識能力がズバ抜けていると定評があり、「企業業績」「経済情勢」など既存の株式投資において常識とされた情報を一切介さずに、株価チャートのみを使って売買する手法を確立。買いでは急騰銘柄、空売りでは急落銘柄を主に手掛ける
著書に『ど素人サラリーマンから月10万円を稼ぐ！ 株の授業』（ぱる出版）『ここが違った！ 株で稼ぐ人、損する人』（集英社）、『確実に稼げる株式投資 副業入門』（ソーテック社）。

【HP】http//www.111476.com/

自分で決めて、自分で稼ぐ！
月1回、10000円から始める株トレード

2017年12月30日　初版第1刷発行

著者　冨田晃右
発行者　栗原武夫
発行所　KKベストセラーズ
〒170-8457 東京都豊島区南大塚2-29-7
電話 03-5976-9121
http://www.kk-bestsellers.com/
DTP　オノ・エーワン
印刷所　近代美術
製本所　積信堂
図形問題提供　北村良子（イーソフィア）
カバーイラスト　iStock.com/apcuk

 ISBN 978-4-584-13834-2 C0033